Inhalt

W0369072

Vorwort

Mit diesem Buch möchte ich Hoffnung aufzeigen und Hilfestellungen anbieten. Nicht alle, aber viele der geschilderten Situationen habe ich persönlich erlebt und durchlitten. Vieles kenne ich auch aus meiner Beratungstätigkeit und aus Begegnungen mit verletzten Menschen.

Meine Erfahrung ist: Wir müssen in Krisen und verletzenden Ereignissen nicht scheitern. Wir müssen hindurch, aber wir bekommen auch wieder Kraft, uns auf Neues und Unbekanntes einzulassen. Im Rückblick sehen wir es nicht sofort, aber in einem gewissen Abstand können wir entdecken, welcher Segen auf den schweren Zeiten des Lebens lag und wie wir eben dadurch gereift sind und für die Zukunft gestärkt wurden.

Das Leben kann einem viele Wunden zufügen.

Da sind zum einen die Wunden, die uns durch Brüche und Verluste in der Lebensbiografie geschlagen werden, wie zum Beispiel durch berufliches Scheitern, Schicksalsschläge wie Krankheiten, Unfälle oder Katastrophen bis hin zu Verlusten von Menschen durch einen Umzug oder den Tod.

Und da sind Wunden, die uns willentlich oder versehentlich durch Menschen zugefügt werden, wie etwa ein Vertrauensbruch, Gewalt, Scheidung einer Ehe oder verletzende Kindheitserfahrungen.

An solchen Erfahrungen können wir sehr leiden oder fast zugrunde gehen. Verletzungen im Leben können uns viel an Lebensqualität nehmen.

Wir wissen aber auch, dass sowohl Verletzungen und Wunden als auch Brüche und Verluste zu jedem Leben dazugehören, je länger wir leben, desto mehr. Manches davon ahnen wir, manches bahnt sich von langer Hand an. Dann können wir uns darauf einstellen. Andere Verletzungen treffen uns völlig unerwartet aus heiterem Himmel. Danach ist das ganze Leben anders und es kann sich aus der veränderten Situation eine handfeste Lebenskrise entwickeln. Diese kann sich äußern in Lebensverweigerung, in einem grundsätzlichen Nein zu allem Zukünftigen, in Verbitterung oder Hartherzigkeit.

Dies geschieht dann, wenn die Betroffenen sich in Abwehrreaktionen verfestigen, Trauer und Schmerz nicht zulassen, sich auf das Neue nicht einlassen wollen. Dadurch kann Vertrauen in sich selbst, in andere Menschen und in Gott endgültig zerbrechen. Je existenzieller Menschen davon betroffen sind, desto mehr fühlen sie sich solchen Ereignissen hilflos ausgeliefert.

Verletzende Erfahrungen und Verluste bergen aber auch Chancen in sich. Sie leiten Prozesse des Umdenkens ein, sie verändern unser Leben und führen es auf neue Pfade. Sie lassen uns den Sinn und das Ziel des Lebens überdenken. Sie können letztlich auch Aufbrüche einleiten und uns Heilung im tieferen Sinn schenken.

Verletzungssituationen beinhalten also immer beides: Krisen und Chancen. Sie sind oft schwer zu bewältigen, aber sie können auch stärken und wachsen lassen. Die Wege, die wir in solchen Zeiten gehen müssen, sind manchmal sehr mühsam, aber sie müssen nicht in einer Sackgasse enden.

Ein besonders großer Schatz, um durch dunkle Täler des Lebens hindurchzukommen, sind die Aussagen der Bibel. Die persönliche Gottesbeziehung kann zu einem Ort der Geborgenheit werden und zu einem Wegweiser zu neuen Horizonten des Lebens. Auch daran möchte ich Sie als Leser dieses Buches teilhaben lassen.

So können Sie dieses Buch unter unterschiedlichen Blickwinkeln lesen, entweder weil Sie verletzt wurden und nach Heilung suchen oder weil Sie viel mit Menschen zu tun haben, die verletzt oder verwundet sind, sei es in der Beratung oder Seelsorge oder auch als Helfer in der Flüchtlingsarbeit, Krankenhausbegleitung, Eheberatung oder Seniorenarbeit.

Im ersten Teil schildere ich viele Umbruch- und Verletzungssituationen. Möglicherweise interessiert oder betrifft Sie davon nur ein kleiner Teil. Sollte dies der Fall sein, mache ich durchaus dazu Mut, auch gleich zum zweiten oder dritten Teil des Buches weiterzugehen, in dem es um Abwehrreaktionen und Hilfen geht. Denn dies ist das Hauptanliegen dieses Buches, dass Menschen Heilung erfahren und neuen Mut für das Leben schöpfen können.

Einleitung

»Zeit heilt Wunden« ist ein bekanntes Sprichwort, aber: Stimmt es denn? Ja und nein. An diesem Sprichwort ist etwas Wahres und etwas Falsches dran.

Wahr ist, dass es Zeit braucht, bis Wunden, die uns zugefügt werden, verheilen. Wenn wir eine Verletzung an unserem Körper haben, einen Schnitt, einen Knochenbruch oder eine Entzündung, dann braucht es Zeit, bis die Wunden heilen – und im seelischen Bereich ist das genauso. Wir werden nicht von heute auf morgen heil, wenn uns etwas Schlimmes widerfahren ist. Es braucht Zeit, eine Beleidigung oder üble Nachrede zu verkraften. Es braucht Zeit, das Erlebnis zu verarbeiten, wenn der Ehepartner untreu war. Es braucht Zeit und viel seelische Arbeit, um mit einem Todesfall oder einer Scheidung umgehen zu können. Und es braucht Zeit, schlimme Erlebnisse aufzuarbeiten wie zum Beispiel einen Unfall, einen Überfall, einen Einbruch, das Miterleben einer Katastrophe. Und erst recht braucht es Zeit, schlimme Verletzungen aus der Kindheit wie etwa emotionalen, körperlichen oder sexuellen Missbrauch zu verarbeiten.

Ähnlich langwierig sind Prozesse der Heilung, wenn Menschen Opfer von Krieg und Kriegswirren wurden oder sogar als Täter in solches Geschehen verwickelt waren und dadurch selbst traumatisiert wurden.

Auch die nachfolgenden Generationen sind häufig davon belastet.[1]

Der Autor Matthias Lohre beschreibt in seinem Buch »Das Erbe der Kriegsenkel« aus eigner Erfahrung die Atmosphäre seiner Kindheit so: »Wenn die Katastrophe zum Alltag wird, fällt es schwer, eigenes und fremdes Leid als beklagenswert anzusehen. Die bewusste Erinnerung an die Seelennot geriet unter die Trümmer. Millionenfach mitbegraben wurde der Kontakt zu den eigenen schmerzlichen Empfindungen.«[2]

Je schlimmer das Erlebnis ist oder je länger es verdrängt wird, desto unwahrscheinlicher ist es, dass im Lauf der Zeit die Wunden heilen. Bei leichteren Traumatisierungen oder einmaligen Traumata erholt sich bei einem größeren Teil der Betroffenen das Gehirn innerhalb eines halben Jahres. Aber bei großen Katastrophen (Zugunglücken, Terror oder Krieg, Lawinenverschüttung, Flugzeugabsturz oder das Miterleben eines Erdbebens, Schiffsuntergangs oder Tsunamis) leiden die Betroffenen oder die Helfer fast immer unter posttraumatischen Belastungsstörungen.[3] Deren Heilung kann sehr lange dauern.

Das Wahre an dem Sprichwort lautet also: Es braucht Zeit, damit Wunden heilen können. Falsch ist die Aussage, dass es die Zeit sei, die die Wunden heilt. Die Zeit ist in diesem Satz das »Subjekt«, also das Wirkende oder Handelnde. Und das stimmt so nicht. Was unsere Wunden wirklich heilen kann, ist nicht die Zeit, die darüber hinweggeht, sondern Erfahrungen, die einen Gegenpol zu den schlimmen Erlebnissen bilden, die uns verletzt haben: Liebe, Trost, Geborgenheit.

Hilfreich ist mir dabei das Bild einer Standwaage mit zwei Schalen, die einander austarieren: Das Schwere in der einen Schale muss aufgewogen werden durch etwas Gewichtigeres in der anderen Schale. Es braucht etwas Tiefergreifenderes als die Verletzung, um heil zu werden. Zum Glück kennen viele Menschen solche Erfahrungen. Davon wird in diesem Buch öfter die Rede sein.

Noch etwas ist falsch an diesem Sprichwort: Es gibt Wunden, die werden nie dadurch geheilt, dass Zeit darüber hinweggeht. Es gibt Menschen, die ihr Leben lang an Lebenswunden leiden – wie zum Beispiel sexuellem oder emotionalem Missbrauch in der Kindheit, schweren Traumata durch Krieg, Gewalt oder Naturkatastrophen oder auch einer überlebten Abtreibung.

Solche Menschen brauchen eine bewusste Entscheidung, ihre Lebensverletzungen aufarbeiten zu wollen.

Wenn sie sich nicht auf den Weg machen, bleiben sie ihr Leben lang verhaftet in der Vergangenheit, bleiben stecken in ihren Schutzmechanismen, die sie sich aufgebaut haben. Das kann sich in kindlichem, zurückgezogenem oder ängstlichem Verhalten äußern. Ihr Leben bleibt eingeschränkt und schmalspurig.

Im Bild des Buchcovers ist dies mit aufgenommen. Manche Menschen halten sich an ihrer Verletzung fest wie die Frau am Kaktus. Sie wissen gar nicht mehr, dass es auch schmerzfrei gehen könnte. Bestimmte Verhaltensmuster sind zu sicheren Zonen geworden, wie ein Steg über ein Moor. *Wehe, ich trete einen Schritt daneben. Dann versinke ich im Morast.* Das bedeutet: Dann kommen Gefühle von Wut und Verletzung hoch, von Hilflosigkeit oder Entsetzen. Das kann dann viel gefährlicher erscheinen als der schmale Weg, auf dem man sich auskennt.

Die Psychoanalytikerin Luise Reddemann beschreibt es so: »Bei traumatischen Erfahrungen scheint es so zu sein, dass sich unsere Persönlichkeit ›aufspaltet‹. Ein Teil funktioniert weiter, ein anderer bleibt ›in der traumatischen Erfahrung stecken‹. Der weiter funktionierende Teil hat den Vorteil, dass er wenig oder nichts von dem Schlimmen weiß und deshalb mit dem Leben recht gut fertig wird. (…) Oft sind diese gut funktionierenden Teile allerdings bemüht, möglichst wenig Gefühle an sich heranzulassen, was sich im Lauf des Lebens durchaus als störend oder belastend auswirken kann.«[4]

Wenn sich nun solche Menschen entschließen, Heilung zu wollen, dann stimmt dieses Sprichwort wieder – es braucht Zeit, bis sie Heilung erleben, und es braucht viel Geduld.

Denn innere Heilung verläuft nicht geradlinig, sondern immer wieder über Umwege und Rückschläge. Dennoch ist es ein Weg, der nach vorne weist und sich lohnt, weil sich das Leben danach in neuen Dimensionen erschließt.

Niemand muss gefangen oder eingezwängt bleiben auf schmalen Wegen. Um bei dem Bild zu bleiben: Das Moor kann trockengelegt werden, die Sumpfleichen können geborgen und begraben werden, die Wege können breiter und sicherer werden, das Leben kann sich in neuer Fülle entfalten.

1.

Verletzungen

Im medizinischen Bereich steht »Verletzung« als Bezeichnung für eine Wunde. Und die Übersetzung des Wortes »Trauma« bedeutet ebenfalls Verletzung oder Wunde. Menschen, die davon sprechen, dass sie verletzt wurden, meinen entweder den Körper oder die Seele. In der Folge davon kann es sein, dass auch die Lebenssicherheit verletzt ist oder die persönliche Würde, vielleicht auch eine Beziehung oder das positive Lebensgefühl.

Etwas Schlimmes oder Bedrohliches, Angstmachendes, Demütigendes oder Beschämendes ist in das Leben eingebrochen. Verursacht durch Dummheit oder Mutwillen von Menschen oder auch durch Dinge, technische Fehler, Naturkatastrophen oder auch durch eine Krankheit.

Dadurch kann das bisherige Leben in seinen Abläufen massiv gestört werden. Menschen beschreiben ihre Erfahrungen so:

- Mein ganzer Alltag wird durchgeschüttelt wie in einem Würfelbecher.
- Alle Abläufe funktionieren nicht mehr.
- Meine Erklärungsversuche und meine Denkmuster stimmen nicht mehr.
- Ich fühle mich haltlos, wie ein Blatt, das in einen Wirbelsturm geworfen wurde.
- Ich schäme mich, ich kenne mich mit mir und anderen nicht mehr aus.
- Ich bin so aufgewühlt, dass ich nicht mehr klar denken kann.
- Ich habe Angst vor dem, was kommen wird.

Menschen reagieren auf Eingriffe in ihre Lebenssicherheit häufig mit Schock, Verleugnung, Schuldgefühlen, Angst, Lebensunlust, Entsetzen oder Trauer.

Im folgenden Kapitel möchte ich verschiedene Ursachen von Verletzungen aufzeigen – zunächst Verluste, dann Verletzungen durch Menschen und zuletzt Traumata, die sowohl durch Menschen als auch durch Katastrophen in das Leben eintreten können.

VERLUSTE

Verluste ziehen sich durch das ganze Leben. Das fängt an in der Kindheit, wenn ein Haustier stirbt oder man Freunde verliert durch Schulwechsel oder Umzug. Auch der Tod von Menschen kann schon sehr früh in ein Leben einbrechen, wenn Geschwister oder Großeltern oder ein Elternteil sterben. In der Jugend gibt es Enttäuschungen, Verletzungen durch Mitschüler, Mobbing oder enttäuschte Liebesbeziehungen. Und im Erwachsenwerden zeigen sich Verluste durch eigenes Versagen, berufliches Scheitern, materielle Verluste, Beziehungsstörungen in der Ehe, im Beruf, in der Verwandtschaft oder Nachbarschaft.

Einige von diesen Verlusten möchte ich etwas näher beschreiben.

Auszug aus dem Elternhaus

Dieses Thema hat zwei Seiten und Sie können es aus zwei Perspektiven betrachten – entweder aus Ihrer eigenen, als Sie von zu Hause ausgezogen sind, oder falls Sie Kinder haben, aus der Perspektive der Eltern, die loslassen müssen.

Schauen wir es zuerst aus der Perspektive an, von der alle betroffen waren oder sind: aus der Perspektive des Kindes.

Der Auszug aus dem Elternhaus ist der Abschied von einer wichtigen prägenden Phase im Leben. Viele bedeutende Erfahrungen im Elternhaus haben Spuren hinterlassen und uns zu einer Persönlichkeit werden lassen – oder uns im negativen Fall Schaden zugefügt. Durch den Auszug bricht viel Gewohntes weg: Gefühle der Geborgenheit und Sicherheit, manches an Bequemlichkeiten und Vorzügen. Oder auch Erlebnisse von Angst und Ungeborgenheit. Sowohl positive als auch negative Erfahrungen können das Abschiednehmen schwer machen. Es kann Angst machen, einen vertrauten Ort zu verlassen.

Je nachdem, wie stark die Eltern ein Kind an sich binden, können Schuldgefühle das Weggehen erschweren. Manche Eltern senden Botschaften aus wie: *Wenn du gehst, bin ich einsam.* Oder: *Weil du nicht oft genug anrufst, geht es mir schlecht.* Oder: *Was mache ich denn ohne dich?* Oder: *Ich mache mir solche Sorgen, wenn du nicht regelmäßig anrufst.* Solche Aussagen können sehr belastend sein.

Kinder, die das Elternhaus verlassen, müssen den Mut haben, Eltern einen Schnitt zuzumuten. Gerade dadurch eröffnen sich auch den Eltern neue Horizonte.

Kinder spüren oft sehr genau, wann sie »reif« genug sind, um das Nest zu verlassen, eigene Wege der Ausbildung und Welterfahrung zu gehen und selbst Verantwortung für den Tagesablauf, die Finanzen, die Wäsche, den Einkauf, das Kochen zu übernehmen.

Schauen wir das Thema aus der Perspektive der Eltern an, zeigt sich auch hier, dass dieser Schritt sehr wehtun kann.

Eltern stehen von Anfang an in der Herausforderung, Kinder wieder loszulassen. Dieser Prozess beginnt bei der Geburt mit dem Durchtrennen der Nabelschnur und wird immer neu durchlebt: beim Abstillen, beim ersten Ausgehen ohne das Kind, beim ersten Übernachten des Kindes ohne Eltern, beim ersten Kindergartentag oder Schultag, beim ersten Urlaub ohne Eltern, beim ersten festen Freund oder der Freundin, beim Schulabschluss und schließlich beim Auszug der Kinder aus dem Haus.

Das Fortgehen der Kinder kann ein gewaltiger Einschnitt für beide Seiten sein, der auch sehr verletzend sein kann. Eltern verabschieden sich von der Kindheit der Kinder. Das Zimmer der Kinder wird ganz oder teilweise leer geräumt, die Zeiten der Begegnung mit ihnen werden seltener, die Möglichkeiten des Austausches nehmen ab. Die Geräusche im Haus oder in der Wohnung verändern sich, die Anteilnahme am Lebensgefühl, an der Sprach- und Erfahrungswelt der jüngeren Generation wird schwieriger.

Manche Mütter berichten, wie sie nach dem Auszug eines Kindes zuerst in das leere Zimmer des Kindes gingen und dort weinten. Dazu tauchten Zweifel und Fragen auf: *Haben wir es richtig gemacht mit unseren Kindern? Konnten wir ihnen im Verhalten und in den Werten des Lebens Entscheidendes mitgeben?* Auch Misslungenes drängt sich in die Erinnerung, Fehler oder Situationen des Streits. Ein Gefühl von Versagen kann sich einschleichen. Die Zeit der Erziehung ist vorbei. Das Weggehen der Kinder trägt den Charakter der Endgültigkeit. Dieser Gedanke kann sehr bedrängend sein.

Dadurch entstehen für die Eltern, für Mütter manchmal mehr als für die Väter, zunächst Hohlräume und Leerläufe. Vor allem, wenn das letzte oder einzige Kind geht, verändert sich Grundlegendes im Alltag. Mütter, die nie berufstätig waren, erleben solche Einschnitte heftiger. Berufstätige Mütter tun sich manchmal mit der »neuen Freiheit« etwas leichter, da sie nicht komplett auf die Kinder fokussiert waren. Aber dennoch bricht ein wesentlicher Teil des Alltagserlebens weg.

Der Tagesablauf wird nicht mehr durch Kinder mitbestimmt. Die mit ihnen verbundenen Aufgaben fallen weg. Die Waschmaschine wird nicht mehr so schnell voll, es muss weniger eingekauft, geputzt, gekocht, aufgeräumt werden. Sinn und Inhalt des eigenen Lebens war bei vielen Müttern (und Vätern) zu einem wesentlichen Teil durch die Kinder geprägt.

Nach einem solchen Abschied beginnt zunächst eine »Brachzeit«: Aufgaben und Inhalte, Gespräche und Gewohnheiten, die mit den Kindern verbunden waren, liegen brach. Brachzeiten in der Natur sind immer auch Vorbereitungszeiten für eine neue Fruchtfolge und später eine neue Ernte. Zunächst aber ruht der Acker und es tut sich darin vermeintlich nichts. Dieses Aushalten von »Nichts« ist schwer, aber darin wird bereits das Neue vorbereitet: neue Chancen, neue Aufgaben. Die entstehenden zeitlichen Freiräume können nach und nach entdeckt und gestaltet werden und neue Herausforderungen können sich auftun.

Nicht alle Mütter oder Väter lassen ihre Kinder gerne gehen. Manche wollen nicht loslassen, sondern an alten Mustern festhalten. Es kann sein, dass Mütter oder Väter die Kinder in falscher Weise an sich binden. Sie machen ihnen ein schlechtes Gewissen oder geraten in Panik. Manche haben vielleicht Angst davor, wieder abends, am Wochenende oder im Urlaub mit dem Ehepartner allein sein zu müssen. Eltern können oft sehr subtil vermitteln, dass sie ein Problem mit dem Auszug eines Kindes haben. Da reicht oft schon ein veränderter Tonfall, ein vorwurfsvoller oder angstvoller Blick, und das Kind spürt: *Es ist nicht okay, dass ich gehe* – oder: *Ich kann die Eltern nicht sich selbst überlassen, das bringt Probleme mit sich.*

So werden den Kindern emotionale Ketten angelegt, obwohl sie eigentlich Flügel bräuchten. Nur wer Kinder freilässt, gewinnt sie auf neue und andere Weise zurück.

Eine Hilfe zum Freilassen ist

- Ich traue dem Kind zu, dass es gute Wege gehen wird.
- Ich bin dankbar für viele schöne gemeinsame Erlebnisse.
- Ich kann auch von meinem Kind lernen.
- Ich kann aus der Vergebung leben.

Das Wissen, dass Gott auch aus Fehlern der Eltern Gutes oder noch Besseres machen kann, darf entlasten und Hoffnung für die Zukunft der Kinder schenken. So können Eltern ihre Kinder wirklich freigeben, damit beide – Eltern und Kinder – zu neuen Wegen aufbrechen können.

In der Schöpfungsgeschichte – schon ganz am Anfang der Bibel – wird das Gelingen des Generationenverhältnisses aufgezeigt.

Dort heißt es: »Darum wird ein Mann seinen Vater und seine Mutter verlassen und seiner Frau anhangen, und sie werden sein ein Fleisch« (1. Mose 2,24).

Für das Gelingen einer Ehe und eines Lebens als Erwachsener ist das Verlassen der Eltern eine wichtige Voraussetzung.

Auch Jesus hat deutlich und klar seine Eltern verlassen. In Johannes 2 wird dies in der Geschichte der Hochzeit zu Kana besonders deutlich.

Jesus ist dort, seine Mutter und seine Jünger sind auch eingeladen. Mitten im Feiern geht der Wein aus. Maria, die Mutter von Jesus, meint nun, ihr Sohn könne da doch sicher etwas tun. Sie weiß doch so viel über die Verheißungen über seinem Leben. Schon von Anfang an wurde ihr das immer wieder gesagt: vom Engel Gabriel, von ihrer Verwandten Elisabeth, von den Hirten auf dem Feld, von den Weisen aus dem Morgenland, von Hanna und Simeon im Tempel. All diese besonderen Erinnerungen und Verheißungen trägt sie in ihrem Herzen. Jetzt ist ihr Sohn etwa 30 Jahre alt und sie denkt vielleicht: Jetzt könnte er doch endlich mal zeigen, wer er ist. Mütter haben oft viele Ideen, wie Kinder sich verhalten sollten, wie sie ihre Berufung leben könnten, selbst dann noch, wenn diese schon erwachsen sind.

Und so tritt sie mit den Worten an ihn heran: »Sie haben keinen Wein mehr.«[5] Übrigens typisch Frau: Die Bitte beziehungsweise der Appell wird in eine Sachaussage verpackt. Das machen Frauen oft so – und die Männer sollen dann raten, was eigentlich mit dieser Aussage gemeint ist. Interessanterweise ist Jesus ein »Frauenversteher«. Er weiß genau, was seine Mutter ihm eigentlich sagen will. Denn er reagiert nicht auf die Sachaussage, sondern auf den dahinterliegenden Appell. Er reagiert sehr hart: »Was habe ich mit dir zu schaffen, Frau?«[6] Fast könnte man erschrecken über die Art von Jesus. Wie kann er so mit seiner Mutter umgehen! Nicht einmal »Mutter«, sagt er zu ihr, sondern nur »Frau«. Darf man das? Oh ja – man darf. Jesus macht hier vor, was für das Generationenverhältnis ungeheuer wichtig ist. Selbst bei längst erwachsen gewordenen Kindern kann es zum Problem werden, wenn Eltern nicht loslassen. Kinder müssen sich lösen! Und sie dürfen es auch. Eltern haben keine Anordnungen mehr zu geben, wenn Kinder erwachsen geworden sind.

Wie reagiert Maria? War sie beleidigt? Wäre ja verständlich gewesen. Nein, sie macht Platz für das Wirken von Jesus. Sie tritt zurück, sie nimmt sich aus der Szene wie ein Schauspieler, der seine Rolle gespielt hat und von der Bühne abtritt. Sie sagt zu den Dienern nur noch: »Was er euch sagt, das tut.«[7] Was für eine grandiose Aussage.

Diese Geschichte kann eine Hilfestellung für Eltern und Kinder sein. Kinder dürfen klare Grenzen ziehen und Eltern sollen sich mit ihren Botschaften und Aufforderungen an die Kinder zurücknehmen. So entstehen für beide Seiten Freiheiten und neue Möglichkeiten der Beziehungsgestaltung.

Manchmal gebe ich in der Seelsorge den Rat an Mütter, deren fast erwachsene Kinder noch zu Hause leben: Machen Sie sich ein unsichtbares Schild an die Zimmertür Ihres Kindes. Auf der Folie steht: Was geht's dich an, Frau?

Das kann sehr entlastend sein. Die Kinder müssen ab einem gewissen Alter selbst Verantwortung tragen für den Zustand ihres Zimmers und für ihre Lebensgestaltung.

Noch wichtiger ist aber die Zurücknahme in dem Moment, wo die Kinder verheiratet sind. Eltern dürfen sich nicht in die Beziehung und Ehegestaltung einmischen. Ein Ehepaar soll zu einem neuen Wir finden. Das gelingt nur, wenn dafür auch Raum und Freiheit sind und Eltern beziehungsweise Schwiegereltern sich nicht dauernd mit Vorschlägen, Erwartungen, Kritik oder Besserwisserei zu Wort melden.

Umzug, Flucht

Umzüge oder Ortswechsel können sehr unterschiedlichen Gründen geschuldet sein.

Ein Umzug kann sehr belastend sein, zum Beispiel dann, wenn Menschen aus einer schwierigen oder verletzenden Situation heraus umziehen müssen: Die Arbeitsstelle oder die Wohnung wurde gekündigt, die nachbarschaftlichen Verhältnisse oder die Umweltbedingungen sind unerträglich geworden. Wieder andere werden durch Krieg oder Terror vertrieben und müssen fliehen.

In solchen Fällen kann ein Wegzug aus einem vertrauten Ort emotional sehr belastend sein und möglicherweise auch eine Krise auslösen.

Es gibt Umzüge, die eine Verbesserung der Lebensqualität mit sich bringen. Das ist dann der Fall, wenn neue Menschen, neue

Aufgaben, vielleicht ein eigenes Haus oder eine eigene Wohnung auf einen warten.

Egal, ob nun Freude oder Schmerz der Anlass zu einem Umzug sind: Das Loslassen und Abschiednehmen kann in jedem Fall ein längerer Prozess sein.

Jahrelang haben Menschen an einem Ort gewohnt, Beziehungen geknüpft, Freundschaften geschlossen, viele Gespräche geführt, gemeinsam Schönes und Schweres erlebt. Dadurch entsteht eine emotionale Bindung an einen Ort und eine lebensbiografische Erinnerung, die mit Erlebnissen an verschiedenen Stellen dieses Ortes verbunden ist. Beheimatung zeigt sich dadurch, dass beim Gehen durch einen Ort vergangene Erinnerungen lebendig werden: *Dort habe ich gesehen, wie das Auto gerade noch rechtzeitig bremsen konnte, als das Kind unachtsam auf die Straße lief. – An dieser Ecke hatte ich ein interessantes Gespräch mit einer Fremden, die nach dem Weg gefragt hat. – Damals habe ich mich in der Fußgängerzone geärgert über ein Ehepaar, das sich lauthals gestritten hat, usf.*

Gerade dann, wenn Menschen gemeinsam Schweres durchgestanden haben, wenn sie Leid und Tod erlebt, schwierige Herausforderungen oder Gefahren überstanden, miteinander an Gräbern getrauert haben, ist das Gefühl von Heimat besonders stark.

Je nachdem wie intensiv die emotionale Bindung an einen Ort war, kann ein anstehender Umzug einen intensiven Trauerprozess auslösen. Wenn man es lange genug vorher weiß, kann es sein, dass man einen Jahresablauf ganz bewusst mit den Gedanken erlebt, jedes Mal »das letzte Mal« dabei zu sein.

Das letzte Mal Ostern, Pfingsten, Weihnachten an diesem Ort oder: *Zum letzten Mal feiere ich Geburtstag in dieser Wohnung, mit diesen Menschen. Das letzte Mal bin ich bei dieser Veranstaltung dabei …*

In den verbleibenden Tagen gehe ich zum letzten Mal in meinem gewohnten Geschäft einkaufen, zu meinem Arzt, auf den vertrauten Spazierweg, zu Freunden oder Nachbarn auf Besuch.

Meistens sind dabei auch wehmütige Gedanken des Abschieds gegenwärtig.

Durch einen Umzug können Freundschaften intensiviert werden, durch räumliche Distanz mehr Tiefe gewinnen. Genauso kann es aber geschehen, dass solche Kontakte verloren gehen oder verflachen. In einem solchen Fall kann dies einen schmerzhaften Trauerprozess oder eine Sinnkrise nach sich ziehen.

Besonders hart ist ein Ortswechsel, wenn er durch finanzielle Nöte oder Arbeitslosigkeit, durch Naturkatastrophen, durch Kriegswirren oder sogar Vertreibung erzwungen wird.

Für Flüchtlinge stellt sich die Problematik noch viel drastischer dar. Häufig sind sie traumatisiert – entweder durch den Krieg oder auch durch die Flucht. Im neuen Land kennen sie oft die Sprache nicht, und erst recht nicht die Kultur. Das Wertesystem funktioniert nach anderen Maßstäben, die Verhaltensmuster, Gestik und Mimik sind anders, die Gerüche und Geräusche unvertraut. Manche werden auch nicht willkommen geheißen, sondern haben auch im neuen Land Ablehnung oder sogar Hass und Gewalt erlebt.

Zu flüchten und Asyl zu beantragen, bedeutet ein hohes Maß an Abhängigkeit und ein extrem niedriges Maß an Möglichkeiten zur Selbstbestimmung der Alltagsabläufe. Das kann auch eine sehr entwürdigende und damit zusätzliche verletzende Erfahrung sein.

Die Erwartungen zu Beginn einer Flucht waren mit Sicherheit ganz anders als die Wirklichkeit, die sie dann vorfinden. In den Warteschleifen der Behörden fühlen sich viele gedemütigt oder ohnmächtig. Aber Vertrautheit und Sichauskennen sind wichtig für die Entwicklung eines Heimatgefühls.

Der Beginn an einem neuen Ort – egal, aus welchen Gründen ein Ortswechsel stattgefunden hat – kann zunächst sehr schwierig sein. Anfangs fühlen sich Menschen wie ein Blatt im Wind. Es gibt keine Ankerpunkte für die Seele, keine vertrauten Orte, keine bekannten Gesichter, keine Erinnerungen, die mit meiner Lebensgeschichte verknüpft sind. Biografische Erinnerungen fehlen zunächst und rufen ein Gefühl von Heimatlosigkeit hervor.

Ich werde nicht gekannt und nicht gegrüßt oder sogar angefeindet. Und umgekehrt: *Ich kenne die Menschen weder auf der Straße noch in der Nachbarschaft.* Alles ist neu. Alles muss neu »erarbeitet« werden: *Wo kann ich Arbeit oder eine Aufgabe finden? Wo gehe ich einkaufen, zum Arzt? Wo kann ich meine Hobbys pflegen? Wo lerne ich Menschen kennen, denen ich vertrauen kann?*

Es kann viel Kraft kosten, sich am neuen Ort zurechtzufinden, aus dem Unvertrauten Vertrautes werden zu lassen, eine Umgebung zur Heimat werden zu lassen, seinen Platz zu finden, sich in den Beziehungen wohlzufühlen und in neuen Aufgaben wieder Sicherheit zu gewinnen. Oft sind solche Prozesse von Einsamkeit und Heimweh begleitet, von dem Gefühl, Außenseiter zu sein und nirgendwo wirklich dazuzugehören. Dabei ist der Schmerz des gerade vergangenen Abschieds immer noch genauso präsent und macht den Neuanfang schwer. Ja, der Schmerz kann sogar ein Hindernis sein, neu Heimat zu finden: *Wenn ich mich jetzt wieder so intensiv auf Menschen einlasse, dann wird der nächste Abschied noch schwerer. Darum bin ich jetzt lieber vorsichtiger oder zurückhaltender mit Kontakten, dann wird auch der nächste Abschiedsschmerz nicht mehr so schlimm sein.* Aber solche Gedanken sind gefährlich, denn Heimat finden Menschen erst, wenn sie sich selbst einbringen. Nur in dem Maß, wie sie für neue Beziehungen und Kontakte bereit sind, werden sie sich an einem neuen Ort eingewöhnen können. Heimat ist da, wo wir verstehen und verstanden werden.

Um Heimat zu finden, ist es wichtig, vertrauen zu können. Darum sollte man auch selbst nach Orten der Begegnungsmöglichkeit suchen, sich öffnen und die Initiative ergreifen.

Nicht Heimat suchen,
sondern Heimat werden sollen wir.
Ina Seidel[8]

Gerade auch Begegnungsmöglichkeiten mit anderen Christen an einem fremden Ort, Gottesdienstgemeinschaft oder Arbeit an einem Projekt sind für manche schon zur Hilfe geworden, um wieder Heimat finden zu können.

Lukas schreibt als Begleiter des Paulus (Apostelgeschichte 28,14): »Dort [in einer fremden Hafenstadt] fanden wir Brüder und Schwestern und wurden von ihnen gebeten, dass wir (...) dablieben.« Sie fanden also Gemeinschaft mit Geschwistern im Glauben und wurden von diesen willkommen geheißen. Dies war unerwartet und überraschend für Lukas.

Solche unerwarteten Begegnungen kann es an neuen Orten geben. Es kann geschehen, dass Menschen zu Freunden werden, von denen man es im ersten Moment nie vermutet hätte, und dass gerade die Andersartigkeit der anderen zur Bereicherung wird.

Es kann sein, dass sich am neuen Ort und unter anderen Rahmenbedingungen ganz andere Möglichkeiten des Engagements entwickeln können und bisher brachliegende Gaben und Fähigkeiten entfaltet werden können.

Für mich persönlich war der folgende Gedanke sehr hilfreich: Wo immer wir hingehen, wir gehen nicht ohne Christus.

Er ist schon vorausgegangen, er kennt den Weg und den neuen Ort mit all dem, was uns dort entgegenkommen wird.

Denk dran, wo immer du dich niederlässt:
Er ist schon da!
Der dich getragen, geprägt, geführt und befreit hat.
Er ist schon dort, der dich in Ungeahntes, Neues führt.
Er ist schon dort.
Geh mit ihm, erfahr ihn, wie du es nie geglaubt.
Er ist schon dort. Geh – du bist nicht verlassen.
Der Herr zieht mit.
Bernhard von Clairvaux

Arbeitslosigkeit oder Ruhestand

Der Verlust der Arbeit kann eine tiefe Verunsicherung oder Verletzung bedeuten. Arbeit ist ja nicht nur Stress, sondern auch eine Aufgabe, die erfüllt, die dem Tag Sinn und Struktur gibt und die ein Gefühl von Wertigkeit und Bedeutung vermittelt. Arbeit und sinnvolle Aufgaben sind wichtige Stützen der Identität. Ihr Verlust kann darum in eine Identitätskrise stürzen.

Arbeitslosigkeit kann jeden von heute auf morgen treffen. Nicht nur ältere Menschen müssen sich mit dem Verlust der Arbeit auseinandersetzen, auch jüngere, mitten im Berufsleben stehende, können durch veränderte Rahmenbedingungen, Finanzkrisen oder Naturkatastrophen von heute auf morgen ohne Arbeit dastehen. Das kann Gefühle der »Abwertung« nach sich ziehen. Viele fallen in ein emotionales Loch, fühlen sich nutzlos oder nicht erwünscht. Manche schämen sich, andere werden depressiv. Sie haben nichts mehr, worauf sie sich freuen können. Schlimmstenfalls bleiben sie gleich morgens im Bett liegen. Dadurch kann sich ein Kreislauf von Depression,

Bitterkeit, sozialem Abstieg bis hin zu Persönlichkeitsverlust entwickeln.

Führt ein solcher Prozess zum Wechsel in eine neue Arbeitsstelle, ist das oft verbunden mit einem Umzug, neuen Aufgaben, Überforderungen oder Unterforderungen und neuen Beziehungen.

Gefühle der Abwertung und Sinnlosigkeit können auch Menschen erleben, wenn sie in den Ruhestand kommen. Solange man noch im Arbeitsprozess steht, ist der Ruhestand ein Fixpunkt, auf den man sich freut, vielleicht verbunden mit dem Gefühl, einen »dauernden Urlaub« vor sich zu haben. Kommt dann der Tag, an dem man nicht mehr zur Arbeit geht, kann sich auch sehr schnell die Frage nach dem Sinn des Daseins und der eigenen Tätigkeit einstellen: *Wozu bin ich jetzt noch gut?* Oder: *Was bin ich wert ohne Arbeit?* Im Ruhestand geht eine wichtige Stütze, ein wichtiger Pfeiler im Leben verloren, der Sicherheit, Identität und auch Wert gegeben hat. Der »Dauerurlaub« muss strukturiert und geplant werden, sonst kann die viele Zeit auch plötzlich inhaltsleer werden. Wer vorher nur für die Arbeit gelebt hat und wenig soziale Kontakte oder Hobbys pflegen konnte, hat größere Schwierigkeiten, seinem Tag neue Inhalte zu geben.

Manche haben das Gefühl, sich dafür rechtfertigen zu müssen, dass sie jetzt »Rentner« sind. Andere können diese Phase dankbar genießen, freuen sich über weniger Stress, mehr freie Zeit. Sie können sich intensiv um Dinge kümmern, die bisher brachlagen, oder ganz neue Themen bearbeiten.

Für manche Ehefrauen, die nicht berufstätig sind oder waren, ist es ein Problem, wenn der Ehepartner den ganzen Tag zu Hause ist und sich überall einmischt und bei Dingen mitreden will, die vorher allein im Zuständigkeitsbereich der Frau lagen.

»Jetzt will der dauernd spülen – oder einkaufen, aber bisher konnte ich das doch auch allein.« Eine Frau, deren Mann gerade frisch in den Ruhestand eingetreten war, erzählte: »*Morgens fragt mein Mann mich: ›Und – was unternehmen wir heute?‹ Doch meine Alltagsaufgaben haben sich doch eigentlich kaum geändert. Ich fühle mich nicht wie im Urlaub.*« Andere Frauen fühlen sich kontrolliert oder von ihrem allseits gegenwärtigen Mann beobachtet. Oder sie müssen über alle außerhäuslichen Aktivitäten Rechenschaft ablegen.

Umgekehrt kann die Frau den Ehemann als »Eindringling« in ihr Reich empfinden, der den gewohnten »Haushaltsrhythmus« durcheinanderwirbelt, und gesteht ihm deswegen keine Aufgaben oder auch keinen Raum im Haus zu. Ihm, der sich ohnehin vielleicht schon nutzlos fühlt, wird vermittelt, dass er »überflüssig« ist.

Loriot hat den Umgang mit diesem Phänomen in seinem Film »Pappa ante portas« (Vater vor den Toren) treffend porträtiert: Ein Mann, noch rüstig und aktiv, kommt vorzeitig in den Ruhestand und meint nun, sich zu Hause in alles einmischen und den eigentlich nicht schlecht organisierten Haushalt seiner Frau nun endlich auf Vordermann bringen zu müssen. Dabei richtet er ein heilloses Chaos an, und die Frau ergreift die Flucht nach vorn, indem sie sich eine Arbeitsstelle sucht.

Dieses Gefühl, sich selbst beschäftigen zu müssen, um dem Leben Sinn zu geben, kann sehr bedrängend werden. Niemand sagt einem von außen, was zu tun ist, also muss man das selbst tun. Bisher war das Leben immer über die Leistung definiert, also muss das auch weiterhin so sein.

Da Männer – mehr als Frauen – ihren Wert stärker von der Arbeit und der Leistung her definieren, leiden sie meistens mehr als Frauen an dem Beginn des Ruhestandes.

Es gehört zu den wichtigen Entdeckungen des Ruhestands, sich nicht nur über Arbeit und Erfolg zu definieren, sondern mehr und mehr das »Seindürfen« zuzulassen, eine neue Wertigkeit des Lebens zu entdecken, die nichts mit Erfolg und Anerkennung zu tun hat, sondern allein mit Gnade und Barmherzigkeit.

Der Ruhestand stellt beide Partner vor eine wichtige Aufgabe: Das Miteinander muss ganz neu organisiert werden – mit gemeinsamen Freizeitbeschäftigungen, neuen Ritualen, neuen Zielen. Die Umstellung des gemeinsamen Alltags kann manche Hürden mit sich bringen und ist für beide eine große Herausforderung. So muss sich die Ehefrau – falls sie nicht berufstätig war – vielleicht bereit erklären, einen Bereich der Haushaltsarbeit an den Mann abzugeben, ohne das Ergebnis dauernd zu kritisieren. Vielleicht entdeckt sie dadurch ganz neue Freiheiten für sich, und der Mann entfaltet neues Können. Dadurch kann auch Zeit für gemeinsame Unternehmungen frei werden.

In der heutigen Generation der Ruheständler hat sich die Situation dahingehend verändert, dass viele Frauen inzwischen genauso berufstätig sind wie die Männer. So kann es sein, das eine Frau noch einige Jahre Arbeitszeit vor sich hat und der Mann bereits den Ruhestand genießt. Viele Ehepaare machen die Erfahrung, dass sich dann die Rollen verändern. Der Mann ist jetzt zuständig für den Haushalt, er kocht das Mittagessen und kümmert sich um die Wäsche. Viele Frauen genießen das auch.

Andere bedauern es, dass sie noch arbeiten müssen und wenig Zeit haben, mit ihrem Mann zusammen im Ruhestand gemeinsam etwas zu unternehmen oder zu gestalten.

Die Frage, die Paare in dieser Phase für sich klären müssen, lautet: Wie viel Zeit braucht jeder für sich allein, was unternehmen wir gemeinsam? Wo wollen wir Neues entdecken, wo den Schwerpunkt legen? Zeit für Hobbys oder Freundschaften, Zeit für ehrenamtliches Engagement oder zur Weiterbildung. So müssen beide einen Weg finden zwischen neuen Ritualen, die Kontinuität vermitteln, und neuer Flexibilität in der Alltagsgestaltung. Eine spannende Herausforderung, die zu ganz neuen Aufbrüchen führen kann.

Manche können endlich Fähigkeiten entwickeln, die bisher wenig entfaltet waren, und ihrem Leben nochmals ganz neue Inhalte geben. Andere bringen sich mit ihrer Lebenserfahrung und Kompetenz im öffentlichen Leben ein. Manches Ehepaar hat im Ruhestand nochmals eine ganz neue gemeinsame Aufgabe angenommen – mit mehr innerer Freiheit und dem gleichzeitigen Rückblick auf viel Lebenserfahrung. Solche Paare, die sich auch im Alter noch auf neue Wege einlassen, sind eine große Bereicherung für unsere Gesellschaft, unsere Gemeinden, unsere Nachbarschaften.

Wechseljahre und Älterwerden

Von den Wechseljahren sind Frauen massiver betroffen als Männer. Aber Männer leiden dabei oft indirekt unter der Unausgeglichenheit und den Gefühlsschwankungen ihrer Frau. In unserer von Jugendlichkeitswahn bestimmten Gesellschaft sehnen Frauen sich nicht gerade nach diesem Lebensabschnitt. Obwohl sich wohl fast alle darauf freuen, keine Periode mehr zu bekommen – auf einige unangenehme Begleiterscheinungen der Wechseljahre würde jede Frau sicher gerne verzichten. Der fehlende Rhythmus kann zumindest am Anfang ein Gefühl von fehlenden wichtigen Rahmenbedingungen entstehen lassen, ein Gefühl von Haltlosigkeit und Unsicherheit.

»Klimakterium« bedeutet wörtlich übersetzt »Stufenleiter, kritischer Zeitpunkt im Leben«. Viele Frauen erleben diesen Abschnitt durchaus krisenhaft, begleitet von den bekannten körperlichen Problemen wie Hitzewallungen, Schweißausbrüchen, Schwindelgefühlen, Kraftlosigkeit, Vergesslichkeit, Schlaflosigkeit und im psychischen Bereich depressiven Verstimmungen, Gefühlsausbrüchen, Reizbarkeit und Verletzlichkeit. Manche Alltagsabläufe kosten deutlich mehr Kraft und Zeit als vorher. In unserer Gesellschaft werden Jugendlichkeit und jugendliche Ausstrahlung höher bewertet als Altersweisheit und Lebenserfahrung. Graue Haare, Falten und etwas mehr Fett am Körper sind für viele Frauen deswegen schon eine Katastrophe, die sie in eine Identitätskrise stürzen kann. So erleben viele Frauen das Nachlassen der körperlichen und psychischen Kräfte als etwas Bedrohliches und Angstmachendes.

Auch Männer müssen mit solchen Veränderungen umgehen. Sie werden selbst älter. Die Haare werden weniger. Der Bauch wächst. Die Leistungsfähigkeit nimmt in der Regel ab. Und doch will »Mann« in letzten Berufs- oder ersten Ruhestandsjahren noch einmal zeigen, wer er ist und was er kann. Dies betrifft auch den Bereich der Erotik und Sexualität. Dabei nimmt er auch wahr, dass die Ehefrau nicht mehr das jugendliche Model ist, das er einst geheiratet hat. Er muss mit seinem Älterwerden und mit den Veränderungen im Aussehen der Frau umgehen lernen.

Die Zeit des Älterwerdens und des Ruhestands kann darum auch von Herausforderungen, ja sogar von Trauer und Abschied begleitet sein. Die Erkenntnis, nicht mehr zu den jungen Menschen zu gehören, kann etwas Bedrohliches haben. Wie im Herbst in der Natur die Blätter fallen, müssen Menschen sich im Älterwerden von manchem ganz bewusst verabschieden: von der jugendlichen Dynamik, von der Sehkraft, von der Muskelspannung, der emotionalen Belastbarkeit, von manchen Aufgaben und Verantwortlichkeiten. Doch wer das Alte krampfhaft festhält, wer den »Sommer« unbedingt verlängern will, kann die Freude des Herbstes nicht sehen.

Doch der Herbst des Lebens ist auch Erntezeit, eine Zeit, in der bisherige Erfahrungen des Lebens zum Tragen kommen; eine Zeit, in der man dankbar zurückschauen kann, das Leben besser überblicken und gelassener werden kann.

In der Rückschau sieht man die Früchte des Lebens, die einen reich machen. Durch viele schwere Zeiten haben ältere Menschen die Erfahrung gemacht:

- Probleme lassen sich lösen.
- Leid hört wieder auf oder ich kann so damit umgehen, dass es mich nicht mehr beherrscht.
- Chaos und Konflikte sind nie das Letzte.

Erfreulicherweise haben viele Menschen im Älterwerden auch ganz positive Erfahrungen gemacht. Sie haben im Ruhestand einen Neubeginn gestaltet. Sie entdecken die Schönheit des Alters. Sie können mit gewachsener Reife und Weisheit auf ihr Leben zurückblicken, sehen auch manche schwierige Lebenssituationen und können gerade in solchem Rückblick eine wohltuende Neudefinition des eigenen Wertes finden. Dabei schärft sich der Blick für Chancen des neuen Lebensabschnitts:

Mehr Zeit haben für Reisen und Hobbys, auch für Kinder und Enkel. Aber auch darüber hinaus tun sich neue Möglichkeiten auf. In den letzten Jahrzehnten wurde die Gruppe der durchaus noch rüstigen »jungen Alten«, also der etwa 60- bis 75-Jährigen, in unserem Land immer wichtiger. Viele von ihnen engagieren sich, übernehmen Ehrenämter in Politik, Gemeinde oder Verein, werden Sponsoren für Projekte und ermutigen junge Leute. Gerade die Unterstützung der kommenden Generation kann helfen beim Loslassen und Überlassen von Besitz, Geld oder Wissen.

Für diese Prozesse ist es ein großer Schatz, wenn man seine Sicherheit und Würde nicht an vergänglichen Dingen festmacht, sondern von den Zusagen und Horizonten der Bibel her eine größere und weitere Dimension in das Leben mit hineinnehmen kann. Auch wenn wir uns äußerlich und innerlich verändern, so bleibt Gott doch derselbe. Er steht zu uns auch in unseren Umbrüchen und Veränderungen, seine Verheißungen gelten uns gleichermaßen, ob wir jung oder älter oder alt sind.

> *Auch bis in euer Alter bin ich derselbe, und ich will euch tragen, bis ihr grau werdet. Ich habe es getan; ich will heben und tragen und erretten.*
> Jesaja 46,4

Krankheit

Eine Krankheit trifft uns meistens unvermittelt und plötzlich. Sie kann die Lebenssicherheit oder Lebenszufriedenheit zutiefst verletzen.

Dabei müssen wir unterscheiden zwischen Krankheiten, von denen Menschen wieder genesen können, und solchen, die aller Wahrscheinlichkeit von nun an zum Leben dazugehören oder sogar zum Tod führen. Je nachdem gehen die Betroffenen sehr unterschiedlich damit um. Doch eines gilt in jedem Fall: Was aus dem Gleichgewicht bringt, sei es eine Krankheit oder ein anderes Ereignis, bringt grundsätzlichere Fragen mit sich.

Ein befreundeter Arzt formulierte einmal: »Wir gehen mit unseren Krankheiten um wie die alten Griechen mit den

Unglücksboten. Wir bringen sie um. Aber dadurch lernen wir auch nicht, die Botschaft zu hören, die sie bringen.« Manche Krankheit bringt tatsächlich eine wichtige Botschaft, denn sie stellt den bisherigen Lebensstil oder auch die Lebensinhalte infrage. Das ist gut so. Solange man sich nur gegen die Krankheiten wehrt, verschließt man sich vor den Herausforderungen und Umdenkprozessen, die eine Krankheit mit sich bringen kann. In jeder Krankheit kann Gott intensiver als vorher zu Wort kommen, sodass sich auch neue Wege und Denkhorizonte erschließen können. Doch bis es so weit ist, muss jeder Betroffene erst durch Prozesse von Trauer und Schmerz, Auflehnung und Loslassen hindurch.

> *Heilung im tieferen Sinn kann nicht bedeuten, dass der Zustand, der vor der Erkrankung bestanden hat, wiederhergestellt wird. Heilung im eigentlichen Sinn ist nicht Restauration des alten, sondern Beginn eines neuen Lebens. Nur der ist wahrhaftig geheilt, der sich anders von seinem Krankheitslager erhebt, als er sich hingelegt hat.*
> Dr. Arno Schleyer[9]

Wenn Menschen von Krankheiten bedroht sind, von denen sie vermutlich nicht mehr genesen werden, machen sie die Erfahrung, dass das ganze Leben durcheinandergerüttelt wird. Alles ist anders als vorher. Die Krankheit wird zum zentralen Thema, der Ausgang ist ungewiss. Der ganze Alltag muss neu organisiert werden. Die Angst und die Sorge werden zum täglichen Begleiter. Die Gesundheit bekommt einen höheren Stellenwert als je zuvor. Alles Mögliche wird getan, um wieder gesund zu werden. Begleitet sind solche Erfahrungen von Trauer darüber, dass bestimmte Tätigkeiten oder Erlebnisse nicht mehr zum Leben dazugehören können.

Eine schlechte Diagnose des Arztes kann ein tiefer Schock sein, ja sogar traumatisieren. Die Beschwerden, die man bis dahin vielleicht nicht wirklich ernst genommen hat, sind tatsächlich Zeichen einer schwerwiegenden Erkrankung.

Ein Mann erzählte: »Von heute auf morgen war wirklich alles anders. Bis zu dieser Diagnose hatte ich mich noch nie so wirklich mit dem Thema Krankheit, Leid und Tod auseinandergesetzt. Aber jetzt stand es wie eine Drohkulisse oder eine schwarze Wand vor mir. Ich war entsetzt. Ich wusste nicht mehr ein und aus. Ich konnte die ersten Nächte nicht mehr schlafen und habe auch viel geweint. Ich wollte es überhaupt nicht wahrhaben.«

Durch den Verlust bestimmter Fähigkeiten oder Funktionen des Körpers werden wichtige Lebensinhalte genommen, die bisher das Leben ausgefüllt oder schön gemacht haben. Darum kann eine Krankheit immer auch eine Identitätskrise hervorrufen, weil wesentliche Stützen der Identität wie Aufgaben oder körperliche Funktionen unsicher geworden sind.

Es ist normal, am Anfang einer Krankheit emotional völlig besetzt zu sein, auch wütend auf die Krankheit, auf sich selbst, auf die Mitmenschen oder auf Gott. Angst greift nach dem Herzen wie eine kalte Hand. Manche können nicht mehr schlafen, sind verzweifelt oder fühlen sich schuldig.

Auch Ratschläge von Freunden oder Verwandten, was nun alles zu tun sei, können zwar gut gemeint sein, gehen aber an den Empfindungen der Betroffenen oft völlig vorbei. Mancher Rat ist nur der Versuch, das Leid nicht aushalten zu müssen, oder auch ein Ausdruck der eigenen Hilflosigkeit. Kranke und ihre Angehörigen brauchen oft keine Ratschläge, sondern Menschen, die zu ihnen stehen und mit ihnen gehen.

Viele Kranke wehren sich auch dagegen, nur noch durch ihre »Krankheit« definiert zu werden. Ein Freund sagte empört zu mir: »Alle sehen mich nur noch als bedauernswerten Kranken an. Das empfinde ich als Abwertung.«

Die eigene Identität darf nicht an einem Makel festgemacht werden. Das müssen auch die Betroffenen für sich selbst neu durchbuchstabieren: *Ich bin doch mehr als diese Krankheit.*

Mit Hilfsangeboten muss darum sensibel vorgegangen werden. Nicht alles ist wirklich hilfreich, sondern kann auch entwürdigend sein. Alles, was Kranke oder deren Angehörige noch selbst tun und leisten wollen, ist ein Zeichen von Selbstwirksamkeit und Würde. Auf Außenstehende wirkt das manchmal paradox: *Warum lassen sie sich nicht helfen?* Es ist aber oft wesentlich weniger anstrengend, bestimmte Dinge selbst zu machen, als sie von anderen erledigen zu lassen. Das hat mit »sich nicht helfen lassen wollen« nichts zu tun. Darum sollte Hilfe nie aufgedrängt, sondern nur angeboten werden. Wenn Hilfe abgelehnt wird, sollte man sich nicht zurückgewiesen fühlen, sondern davon ausgehen, dass es im Moment tatsächlich nicht hilfreich ist.

Manche Kranke stellen sich die Frage, ob sie die Krankheit durch einen falschen Lebensstil selbst verschuldet haben. Eine krebskranke Freundin erzählte mir kurz vor ihrem Tod: »Mein Vater war vor wenigen Tagen bei mir und machte mir Vorwürfe, ich sei ja schließlich selbst schuld an meiner Krankheit. Ich hätte mich zu wenig den positiven Energien und Kräften ausgesetzt.«

Es war deutlich zu spüren, wie sehr dieser Vorwurf ihre Gedanken belastete und die eigenen Vorwürfe noch verstärkte. Paulus macht dazu eine andere Aussage: »Denn ich bin gewiss, dass weder Tod noch Leben, weder Engel noch Mächte noch Gewalten, weder Gegenwärtiges noch Zukünftiges, weder Hohes noch Tiefes noch eine andere Kreatur uns scheiden kann von der Liebe Gottes, die in Christus Jesus ist, unserem Herrn« (Römer 8,38).

Nichts kann uns von der Liebe Gottes trennen, keine Macht der Welt und erst recht keine Krankheit. Unser Leben ist in seiner Hand.

Es kann eine Hilfe sein, sich in solch einer Situation nochmals ganz neu Gott auszuliefern und ihm die Herrschaft über das eigene Leben zu übergeben.

Nicht die Krankheit soll mich beherrschen, sondern Christus soll Herr meines Lebens sein – egal, was kommt. Nichts kann mich aus seiner Hand reißen, auch nichts, was in der Zukunft auf mich zukommen wird.

Meine Freundin empfand diese Gedanken kurz vor ihrem Tod als sehr hilfreich und entlastend. Sie ist mit einem tiefen Frieden gestorben.

Tod

Der Tod eines geliebten Menschen gehört zu den größten Verletzungen im Leben. Eine Beziehung geht zu Ende. Es gehört zu den schmerzlichsten Erfahrungen im Leben, wenn wir von einem Menschen für immer Abschied nehmen müssen. Die Endgültigkeit und Brutalität des Todes stellt immer wieder vor Zweifel oder Verzweiflung. Es braucht – je nachdem wie intensiv die Beziehung war – meistens mindestens ein Jahr, aber oft noch viel länger, bis Menschen das Gefühl bekommen, wieder Boden unter den Füßen zu haben und neue Aufbrüche wagen zu können.

Trauerphasen verlaufen bei jedem Menschen unterschiedlich und können viele Gestalten zeigen. Es gibt kein Richtig oder Falsch – nur ein »Anders« –, weil eben alles anders geworden ist.

Jeder Tod, aber ganz besonders der plötzliche Tod eines Menschen, kann in einen tiefen Schockzustand versetzen mit dem Gefühl, nur noch Abgründe um sich herum zu haben, in einem finsteren Loch ohne Fenster zu sitzen. Ein verzweifeltes Fragen nach dem Warum und dem Wohin stellt sich ein und begleitet jede Minute des Tages. Fassungslosigkeit, Wut, Verleugnung wechseln sich ab mit Schmerz, Hilflosigkeit und Ohnmacht.

Viele haben auch das Gefühl, dass das Leben stehen bleibt, und fühlen sich deswegen orientierungslos, abgeschnitten vom Fluss des Lebens.

Dem Verstorbenen gegenüber sind oft Schuldgefühle da: *Hätte ich dieses oder jenes noch mit dir geklärt. – Eigentlich wollte ich mit dir nochmals darüber reden, dich darüber befragen, diese Information noch von dir. – Da wäre noch etwas zu bereinigen gewesen.*

In solch bedrängenden Gedanken kann die Unwiederbringlichkeit des Lebens etwas Grausames haben. Wie ein jäher Abgrund steht der Tod vor einem und schneidet einen Weg ab, den wir gerne noch gegangen wären. Die Tage und Wochen danach sind für die Hinterbliebenen oft begleitet von intensiven Träumen. Es können positive, tröstliche Träume sein, aber auch Albträume, in denen der Verstorbene um Hilfe oder um Befreiung ruft. Auch Essstörungen oder körperliche Krankheit können die Folge sein. »Das Immunsystem wird geschwächt, die Wahrscheinlichkeit für Depressionen nimmt deutlich zu, ebenso das Risiko für Appetit- und Gewichtsverlust, erhöhten Drogenkonsum und sexuelle Dysfunktionen. Sogar das Sterberisiko steigt!«[10]

Eine Frau war jung verheiratet und das erste Kind gerade geboren. Da verunglückte ihr Mann tödlich und sie wurde mit 23 Jahren bereits Witwe und alleinerziehende Mutter. Das erste Jahr war besonders schmerzhaft und schlimm. Immer wieder tauchten in ihren Gedanken die letzten Szenen auf, die sie mit ihrem Mann erlebt hat – und die Minuten der Ungewissheit, als sie vom Unfall ihres Mannes hört – und dann die schreckliche Gewissheit: Er ist tot. Die Zeit danach, die Beerdigung – das alles sind Bilder, die sich fest in ihre Seele eingeprägt haben. In den Wochen danach träumte sie immer wieder von der Rückkehr ihres Mannes, und die Enttäuschung beim Aufwachen war dann immer besonders groß. Das erste Jahr war eine Zeit großer Traurigkeit und Einsamkeit. Aber auch heute noch ist ihr Leben von dieser tiefen Lebenswunde geprägt. Manche Situationen machen ihr mehr Angst als anderen Menschen und immer wieder spürt sie den Verlust ihres Mannes sehr schmerzhaft.

Wenn der Ehepartner gestorben ist, kann die Einsamkeit quälend und beißend werden: beim Nachhausekommen keine Begrüßung, der leere Platz im Bett, der leere Stuhl, das leere Zimmer. Ein Gefühl der Verlorenheit, der Verlassenheit und des Halbiertseins wird ein ständiger Begleiter und eben auch die tiefe, körperlich spürbare Sehnsucht, wieder bei ihm zu sein. Bei schweren Verlusten ist der Wunsch, dem anderen hinterherzusterben, ganz normal. Es scheint die einzige Möglichkeit, dem Verstorbenen jetzt noch nahe zu sein. Dieser Wunsch kann eine große innere Sogkraft entwickeln.[11]

Vor meinem eigenen Tod ist mir nicht bang,
Nur vor dem Tod derer, die mir nah sind.
Wie soll ich leben, wenn sie nicht mehr da sind?

Allein im Nebel tast ich todentlang
Und laß mich willig in das Dunkel treiben.
Das Gehen schmerzt nicht halb so wie das Bleiben.

Der weiß es wohl, dem dieses widerfuhr; –
Und die es trugen, mögen mir vergeben.
Bedenkt: den eignen Tod, den stirbt man nur,
Doch mit dem Tod der anderen muß man leben.
Mascha Kalèko

Den Tod kennenzulernen und zu erfahren, ist vielleicht die größte Krise und die tiefste und wichtigste Schule im Leben. »Der Tod ist ein großer Lehrmeister« heißt eine alte Volksweisheit. Psalm 90 formuliert es so: »Lehre uns bedenken, dass wir sterben müssen, auf dass wir klug werden« (Vers 12).

Jeder Tod, den wir miterleben, stellt uns immer auch die Frage nach dem eigenen Tod, nach der eigenen Sterblichkeit, nach unseren Grenzen, und damit auch nach den Werten und Zielen, die in unserem Leben vorherrschend und wichtig sind. Die Erfahrung des Todes überprüft unsere Lebensinhalte und stellt zunächst alles, was uns bisher Halt gegeben hat, infrage.

Ich selbst habe das mit 19 Jahren so erlebt, als ich meinen Vater durch einen Verkehrsunfall ganz plötzlich verloren habe. Dieses Erlebnis war ein tiefer Schock für mich, für uns als Familie, für meine Mutter, meine Brüder und meine Großeltern. Es hat – in dem Schockerlebnis und dem Trauerprozess – in ein intensives Fragen geführt, welche Werte für mich wichtig sind und wofür es sich zu leben lohnt. Auch wofür es sich zu streiten lohnt, woran es sein Herz zu hängen lohnt und woran nicht. Der Rückweg von der Beerdigung war damals für mich ein entscheidender Moment, in dem mir bewusst wurde, dass viele Werte, die in unserer Gesellschaft hochgehalten werden, nicht wirklich zu einem sinnvollen und erfüllten Leben gehören. Wenn das Leben so schnell zu Ende sein kann, muss es andere Dinge geben, die Halt geben können.

Wenn wir uns bewusst machen, dass unser Leben begrenzt ist, findet eine Neubewertung von allem Bisherigen statt. Manches wird unwichtig, von manchem, wie zum Beispiel materiellen Dingen, können wir uns trennen und leichter lösen, anderes wird viel wichtiger als vorher: gelebte Liebe in Beziehungen, Verlässlichkeit, Treue, Ehrlichkeit, Versöhnung, Vergebung, Hoffnung über den Tod hinaus, Glauben an Christus, der auch in den schweren Zeiten mit uns durchs finstere Tal geht.

Leben lernen, heißt sterben lernen. Wer gelernt hat zu sterben, der kann erst richtig leben.
Paul Schütz

VERLETZUNGEN DURCH MENSCHEN

Menschen sind von der Schöpfung her auf Gemeinschaft hin angelegt. Beziehungen, in denen wir Wertschätzung und Würde erfahren, geben uns Stabilität. Wir brauchen es, dass wir einander vertrauen können, uns auch mit Fehlern und Unvollkommenheiten noch ertragen können und auf der Basis der Versöhnung miteinander immer wieder neu beginnen können.

Wenn solche haltgebenden Stützen unsicher werden, wenn Menschen uns verletzen, kann dies tief verunsichern.

Die erste große Verletzung geschieht häufig in der Beziehung zu den Eltern, Großeltern oder anderen nahen Verwandten.

Verletzung durch Eltern bzw. nahe Verwandte

Emotionale Ungeborgenheit in der Kindheit

Für Vertrauen und Geborgenheit ist es der beste Nährboden, wenn ein Kind liebevolle und wertschätzende Eltern hat, die ihre Macht nicht missbrauchen.

Wenn ein Kind spürt, dass es geachtet ist und in seinen Bedürfnissen respektiert wird, obwohl es so viel schwächer ist als die Eltern, dann gibt ihm diese Erfahrung Sicherheit.

Wenn Kinder umgekehrt Gewalt erleben oder Willkür, Kälte und Misstrauen, dann verlieren sie diese Sicherheit. Wenn sie es häufig erleben, dass ihre Würde mit Füßen getreten wird, dass die

Grenzen ihrer Intimsphäre missachtet werden, oder wenn sie sich als Störfaktor oder Hindernis erleben, dann ist dies eine tief greifende Verunsicherung, die Traumata auslösen kann.

Jeder Mensch braucht von klein auf die Botschaft, geliebt zu sein. Wir könnten es auch mit dem Bild eines Tanks ausdrücken. Jeder hat in sich einen solchen Tank, der mit Liebe und Wohlwollen, Wertschätzung und Geborgenheit gefüllt sein muss.

Doch bei Weitem nicht jedes Kind macht diese Erfahrung.

Manche bekamen von klein auf zu spüren, dass sie nicht erwünscht waren oder an zweiter Stelle standen. Ein anderes Geschwisterkind wurde bevorzugt, war mehr geliebt, bekam immer recht, erhielt die schöneren Geschenke, bekam mehr Zeit und Zärtlichkeit durch die Eltern.

Gefühle werden verletzt durch Aussagen wie: »Wenn du das machst, rede ich nicht mehr mit dir« oder »Weil du das gemacht hast, mag ich dich nicht mehr« – »Ich will dich nicht mehr sehen« oder »Ich hasse dich«.

Die emotionale Verletzung wird aber häufig auch nonverbal geäußert – nicht mit Worten, sondern mit Mimik, Gestik und dem Gesamtverhalten. Dies führt manchmal im Erwachsenenalter zu heftigen Reaktionen in Situationen, in denen diese Gefühle eigentlich nicht angemessen sind. *Ein Mann regte sich übermäßig auf, wenn er sich nicht ernst genommen fühlte. Das erinnerte ihn an Situationen in seiner Kindheit, in denen er oft lächerlich gemacht wurde.*

Andere gebärden sich als Rebell, wenn sie ihre Persönlichkeitsrechte beschnitten sehen, und fangen mit Autoritätspersonen oder Vorgesetzten Streit an. Das nicht geklärte Elternverhältnis wird sozusagen auf einen Nebenschauplatz verlegt und dort neu inszeniert.

Viele erleben in ihrer Kindheit ein System von Angst und Unsicherheit. Sie sind immer in Habacht-Stellung oder »gehen auf Zehenspitzen«, um keinen Ärger zu provozieren. Das wirkt sich auch auf der körperlichen Ebene aus. Vereinfacht gesagt: Stress, auch emotionaler Stress, schüttet Adrenalin und Cortisol aus. Das versetzt den Körper in Hochspannung, die Herzfrequenz und der Blutdruck steigen. Cortisol reguliert die körperliche Leistungskraft, um die Leistungsfähigkeit aufrechtzuerhalten. Im Normalfall ist dies eine optimale Reaktion auf zeitlich begrenzten Stress oder kurzfristige Gefahr. Bei Dauerstress, der in emotional unsicheren oder bedrohlichen Familien vorherrscht, verliert Cortisol jedoch seine positive Wirkung. »Ein ständig erhöhter Cortisolspiegel führt unter anderem zu Schlafstörungen, gefährlichem Bluthochdruck, Störungen im Blutzuckerstoffwechsel, Abbau von Muskelmasse und Knochen sowie einer Verschlechterung des Immunsystems. Darüber hinaus kann er Konzentrations- und Gedächtnisstörungen verursachen.«[12] Eine permanente Ausschüttung des Cortisols kann auch körperlich abhängig machen. Mit der Zeit vergisst der Körper, wie sich »Normalität« anfühlt. Er wird süchtig nach dem Stresskreislauf.

So kann solch ein Suchtkreislauf der einer emotionalen Ungeborgenheit tatsächlich auch in die Abhängigkeit von körperexternen Mitteln wie Drogen führen. Die permanente Ausschüttung von Adrenalin und Cortisol ist das vertraute Gefühl. In Suchtverhalten wird dieses kurzfristige Hochgefühl immer wieder hergestellt.

Sucht und Sehnsucht liegen nah beieinander. Eine Sucht ist im Grunde genommen die dauernde Suche nach erfülltem Leben, nach Angenommensein, nach Geborgenheit, eine Suche danach, dass der Liebes-Tank gefüllt wird. Süchtige beschreiben sich selbst so, als seien sie ein außer Kontrolle geratener Staubsauger. Sie ziehen alles an sich, um das emotionale Loch zu stopfen: Menschen oder chemische Substanzen wie Drogen, Alkohol, Tabletten, aber auch Aktivitäten wie Fitness, Sex, Computerspiele, Internetporno, Arbeit oder Dinge wie Geld, Essen, Sammelgegenstände. Dabei schwingt dann das Gefühl mit: *Wenn ich das noch getan habe oder das noch geleistet oder das noch probiert habe oder das auch noch besitze, dann geht es mir besser. Dann fühlt es sich wieder vertraut an.* Sie bemühen sich unablässig, das riesige emotionale Vakuum in ihrem Innern zu füllen. Manche Süchtige beschreiben sich so: »Man läuft herum und fühlt sich wie das Loch in der Mitte eines Donuts. Irgendetwas fehlt mir.« Durch dauernde zwanghafte Wiederholung einer bestimmten Sache versucht man dann, ein gutes Gefühl zu erzeugen und so das Loch zu stopfen.

Verena hat als Kind gelernt, dass Leistung das Wichtigste ist, das zählt, nicht nur intellektuelle Leistung, nicht nur gute Noten in der Schule und gute Ergebnisse im Hobby. Sie hat auch gelernt, dass sie sich angepasst verhalten muss, um geliebt zu sein. Je mehr sie die Erwartungen der Eltern erfüllt, desto mehr an positiver Zuwendung erfährt sie. Immer ist sie in Habacht-Stellung, um es ihnen recht zu machen. Aber bedingungsloses Geliebtsein erfährt sie dadurch nicht. In der Pubertät gerät sie durch eine enttäuschte Liebesbeziehung in eine erste Krise. Sie versucht durch Essen das emotionale Loch zu stopfen. Indem sie etwas zu sich nimmt, tut sie sich selbst etwas Gutes, sie belohnt sich selbst. Dieses Gefühl hält aber nur an, so lange sie isst, also isst sie eben immer weiter, bis sie von diesem Verhalten nicht mehr loskommt. Sie wird immer korpulenter und ihre Selbstachtung sinkt auf einen Nullpunkt. Das innere Vakuum wird immer größer. Der Mechanismus der Selbstbelohnung und der Selbstverachtung hat eine Eigendynamik entwickelt, aus der sie nicht mehr herauskommt.

Besonders schlimm ist die Sehnsucht nach innerer Erleichterung in Situationen, in denen Erwartungen oder Anforderungen an sie herangetragen werden, die sie verunsichern oder überfordern.

Emotional verletzend können auch die Botschaften sein, die ein Kind direkt gesagt bekommt, versehentlich mithört oder nonverbal vermittelt bekommt: »Eigentlich wollten wir dich ja nicht mehr« – »Mir wäre es lieber gewesen, wenn du ein Junge/Mädchen geworden wärst« – »Wegen dir mussten wir heiraten« – »Wegen dir konnte ich mein Studium nicht fertig machen« – »Als ich mit dir schwanger wurde, musste ich meinen heiß geliebten Beruf aufgeben«.

Die Konsequenz, die ein Kind daraus zieht, heißt:

- Ich habe meine Eltern belastet.
- Ich habe ihnen die Erfüllung ihrer Wünsche verwehrt.
- Ich bin schuld daran, dass sie sich immer streiten.
- Meinetwegen sind sie unglücklich.

Kinder, die solche Botschaften bekommen, hören oft die unterschwellige Aufforderung, die Eltern für ihr erlittenes Leid trösten zu müssen. Sie bemühen sich, in Zukunft ja keine Fehler zu machen. Sie wollen durch Wohlverhalten oder Unauffälligkeit die Eltern wieder glücklich machen. Dies geht immer mit der Unterdrückung eigener Gefühle und Wünsche einher.

Emotionale Verletzung ist im weitesten Sinn seelischer Missbrauch. Dies kann auch zu einer engen, zwanghaften Bindung an die Eltern führen. Die innere Botschaft des Kindes lautet dann:

- Ich muss etwas wiedergutmachen.
- Ich muss beweisen, dass es doch ein bisschen Sinn hat, dass ich da bin.
- Darum strenge ich mich an und versuche, den Eltern alle Wünsche von den Augen abzulesen. Dann müssen sie mich doch lieben, oder?

- Den Traumberuf, den meine Mutter nicht leben konnte, den wähle ich jetzt – als Wiedergutmachung für die Mutter.

Manche Eltern definieren ihren Wert über das, was aus den Kindern geworden ist. Wenn das Ergebnis ihrer Erziehung positiv ist, dann wirft das ein gutes Licht auf sie als Eltern. Kinder spüren diese Erwartung intuitiv und reagieren darauf, entweder indem sie dem entsprechen oder indem sie sich deutlich davon distanzieren.

Die weitergetragene Verletzung

Manche Erwachsene hatten Eltern oder Großeltern, die im Krieg oder durch eine andere traumatische Erfahrung belastet wurden.

Wenn diese ihre Traumata nicht aufarbeiten konnten oder wollten, dann tragen sie das belastete Lebensgefühl weiter in die nächste Generation:

- Das Leben ist schwer oder ungerecht.
- Ich habe es nicht besser verdient und du auch nicht.
- Sei vorsichtig, was als Nächstes kommt. Das Leben ist unberechenbar.
- Schütze dich vor dem Verhungern, morgen könnten die Lebensmittel aus sein.
- Pass auf, dass deine Kinder nicht verloren gehen.

Gerade die Kinder und Enkel der Kriegskinder tragen solche Angstbotschaften noch in vielfältiger Weise in sich.

Die nicht betrauerten Geschichten der Eltern oder Großeltern wirken sich bis heute noch aus. »Viele der etwa zwischen 1955 und 1975 geborenen Frauen und Männer in Deutschland und Österreich teilen sich ein Lebensgefühl: Heimatlosigkeit, das Gefühl, sich nirgends verwurzeln zu können, die eingeimpfte Existenzangst, Bindungsschwierigkeiten, Identitätsverwirrungen und vor allem das Gefühl, bei den Eltern etwas wiedergutmachen zu müssen.«[13]

Dies trifft vor allem dann zu, wenn die Eltern oder Großeltern entweder als Täter oder als Opfer in Kriegstraumata verwickelt waren. Diese haben ihren Kindern und Enkeln vermittelt: Überleben ist das Wichtigste. *Die eigenen Bedürfnisse und Gefühle sind nicht wichtig. Reiß dich zusammen! So ist das eben. Andere haben das auch erlebt.*

Viele Kriegskinder und Kriegsenkel haben den Kontakt zu ihren Gefühlen verloren oder nie entwickeln können. Sie wurden mit Härte erzogen, sie wurden geschlagen, wenn sie geweint haben, sie wurden alleine gelassen, wenn sie bockig oder trotzig waren. So haben sie gelernt, dass Gefühle gefährlich sind und Bestrafung oder Einsamkeit nach sich ziehen oder eben einfach nicht wichtig sind. Manche hörten die Botschaft: »So groß wie unser Schmerz war, kann dein Schmerz gar nicht sein.« Wer als Kind nie gelernt hat, dass Gefühle wichtig und erlaubt sind, konnte auch den eigenen Kindern keine bessere Botschaft vermitteln. »Sich selbst nicht so wichtig zu nehmen, galt im Krieg und Nachkrieg als Tugend.«[14]

Diese Botschaft wurde in den Nachkriegsjahren auch in vielen christlichen Gemeinden oder Gemeinschaften weitertransportiert: *Du bist nichts und Gott ist alles.* In der Auswirkung zeigte sich das dann darin, dass Leiter das System von Unterwerfung und Opfer weitergetragen haben. Sie haben verfügt über andere, bestimmt über deren Lebensentwürfe und deren Verhalten. Sie haben erlaubt oder verboten. Dies fiel bei den Nachkriegskindern und Kriegsenkeln auf fruchtbaren Boden. Das war das vertraute System, das lautete: In der Unterwerfung und der Unterdrückung der eigenen Bedürfnisse bist du richtig unterwegs.

Scheidung der Eltern

Auch eine Scheidung der Eltern hinterlässt bei Kindern eine tiefe Spur der Verletzung. Kinder wollen beide Eltern lieben und ihnen nahe sein. Wenn Eltern sich trennen, fühlen sie sich zerrissen, halbiert oder auch schuldig an der Trennung der Eltern. Sie versuchen alles, damit diese beieinanderbleiben. Manchmal entwickeln sie psychische Störungen oder Verhaltensauffälligkeiten, damit die Eltern sich miteinander um das Kind kümmern, anstatt ständig miteinander zu streiten.

Und wenn dann die Scheidung der Eltern vollzogen ist, kommt es immer wieder vor, dass Kinder als Machtmittel missbraucht werden, als Werkzeug für die ständigen Streitereien der Eltern benutzt werden oder als Botschafter zwischen den Eltern fungieren müssen. Wenn ein Elternteil dann noch versucht, das Kind oder die Kinder auf ihre jeweilige Seite zu ziehen, ist die seelische Belastung übermächtig. Denn Kinder kommen von beiden her, sie gehören zu beiden und brauchen auch zu beiden Eltern eine gute Beziehung.

Wenn Eltern nach einer Scheidung in ihren Verletzungen und ihrer Wut auf den anderen Ehepartner stecken bleiben, wirkt sich dieses Grundgefühl auch auf die Kinder dahingehend aus, dass diese nicht zu einer versöhnten Haltung zu beiden Eltern finden können.

Verletzungen im Ehealltag

Missverständnisse und Konflikte

Ehe ist die kleinste und engste menschliche Gemeinschaft, die von Gott geschaffen wurde. Eine gelingende Ehe kann ein großer Schatz und Reichtum sein.

Die meisten gehen mit großen Erwartungen und Hoffnungen in eine Ehe. Sie möchten gemeinsam ihre Zukunft gestalten, eine Familie gründen und sich gegenseitig tragen, stützen und fördern. Wenn dann nach einigen Monaten oder Jahren der Ehealltag einkehrt, kann sich auch schnell Frustration breitmachen.

Eine Frau beschrieb es so: Am Anfang war ich so fasziniert von der Ruhe und Gemütlichkeit meines Mannes. Aber inzwischen nervt mich das, dass er immer so ruhig und gemütlich ist. Mir wäre es lieb, er würde manchmal etwas schneller in die Gänge kommen.

Solche Beispiele können vermutlich viele erzählen. Gegensätze ziehen sich zuerst an, sie faszinieren und fordern heraus. Aber nach einer gewissen Zeit stören sie auch. Sie können zu Konflikten führen und münden nicht selten in hässlichen Auseinandersetzungen und Verletzungen.

Viele Missverständnisse und Konflikte entstehen aufgrund der Verschiedenartigkeit von Mann und Frau. Das zeigt sich darin, wie sie mit Gefühlen und Gesprächen umgehen, wie sie ihren Körper behandeln, wie sie Konflikte angehen und vieles mehr.[15] Solche Unterschiede lassen sich nutzbar machen. Information darüber und daraus resultierende Gelassenheit können sehr hilfreich sein.

Andere Missverständnisse entstehen aus den unterschiedlichen Stilen in der Herkunftsfamilie. Manche kommen aus Familien, in denen jeder Konflikt sofort besprochen und bereinigt wurde, andere haben von klein auf gelernt, ihre Enttäuschung lieber herunterzuschlucken und zu schweigen. Treffen zwei solch unterschiedlich geprägte Menschen aufeinander, kann schon das Klären von Problemen zum Problem werden.

Andere Missverständnisse rühren von der Bedeutung her, die einem der beiden Ehepartner in der Ursprungsfamilie zugemessen wurde.

Ein Mann wurde von den Eltern immer aufs Podest gehoben. Er war der Vergleichspunkt für seine Geschwister. In ihm entstand ein Lebensskript, das lautete: Ich bin besser als die anderen. Die anderen sollen sich gefälligst an mir ausrichten. Ich bin der Maßstab aller Dinge.

Dieses Muster nahm er mit in die Ehe. Seine Frau litt sehr unter dem Gefühl, es ihm nie recht machen zu können. Sie spürte aus seiner Haltung und seinen Worten immer die Botschaft heraus, dass sie ihm gegenüber minderwertig sei.

Sie wiederum hatte von klein auf die Botschaft bekommen, dass sie nichts wert sei. Sie war ja nur ein Mädchen. Alle Interessen, die sie hatte, waren weniger wert als die des Bruders. Alles, was sie freute, wurde belächelt, alles, was sie interessierte, wurde als uninteressant abgetan. So trug sie die Botschaft in sich: Ich bin minderwertig, weniger fähig, auf mich muss man keine Rücksicht nehmen.

Treffen nun zwei so unterschiedlich geprägte Menschen in einer Ehe aufeinander, ergänzt sich das zwar am Anfang, weil die jeweils vorherrschenden Muster bestätigt werden. Auf Dauer aber macht eine solche Beziehung einen oder beide krank, wenn diese nicht ihre Herkunftsgeschichte anschauen und aufarbeiten. Die sich selbst unterdrückende Frau wird daran zerbrechen oder ausbrechen. Der Mann wird größenwahnsinnig und despotisch oder komplett ratlos und sich anderweitig nach Feldern umschauen, in denen er weiterhin der Größte sein kann.

Auch die Geschwisterposition, aus der die Ehepartner kommen, kann Konfliktpotenzial in sich bergen. So meinen Erstgeborene ja meistens, recht zu haben, und vermitteln das dem Ehepartner. Einzelkinder dagegen machen alles gerne alleine mit sich aus und beziehen den Ehepartner deswegen oft gar nicht mit in Gedanken und Entscheidungsprozesse ein. Zweitgeborene richten sich einen guten Platz im Leben ein. Das ärgert die Erstgeborenen oft, denn »das Leben besteht doch aus Pflicht und Arbeit«. Dritte Kinder dagegen haben oft Mühe, ihren Platz zu finden, probieren viel aus, starten eine Sache und hören bald wieder damit auf, um etwas Neues auszuprobieren.[16]

Dieses Thema ist sehr komplex. Wer sich damit beschäftigt, wird möglicherweise vieles in der Ehebeziehung besser verstehen und manche Missverständnisse ausräumen können.

Neben den bereits genannten Themen können auch unterschiedliche Einstellungen zum Thema Geld, verschiedene Erwartungen im Bereich der Sexualität, auseinanderdriftende Stile in der Erziehung sowie der Umgang mit Ordnung und Pünktlichkeit zu heftigen Auseinandersetzungen führen.

Egal, was nun zu Streit oder Disharmonie führt, eines ist wichtig: Über das, was immer wieder zum Konflikt wird, muss kommuniziert werden, damit Ehe gelingt.
Wenn nicht mehr kommuniziert wird, geschieht Entfremdung.

Der bekannte Paartherapeut Michael Lukas Moeller bringt es auf eine einfache Formel: »Ein Paar, das nicht mehr miteinander spricht, verlernt sich kennen.«[17]

Dann geschieht Kommunikation in negativer Weise:

- Über Schweigen: *Ich rede jetzt einfach nicht mehr mit dir, bis du merkst, dass du mich verletzt hast.*
- Über Erpressung zum Beispiel im sexuellen Bereich: *Wenn du nicht mehr mit mir redest oder dies oder jenes nicht mehr tust, dann schlafe ich nicht mehr mit dir oder umgekehrt, ich schlafe erst wieder mit dir, wenn du auf meine Forderungen eingehst.*
- Über Anschreien: *Du hörst mir ja nicht zu und ich bin so verletzt, dass ich mich nur noch so äußern kann.*

- Über Bestrafungsgespräche: *Ich will dich verletzen, ich mache dir Vorwürfe, ich treffe dich an den empfindlichen Stellen deines Lebens.*
- Über Abwertungen: *Ich kränke dich aus eigenem Gekränktsein.* Wer sich selbst gering schätzt, neigt dazu, andere schlechtzumachen. Es wird nach außen gewendet, was einem selbst so schwerfällt oder wehtut.

Das Gespräch in der Ehe muss manchmal erst gelernt werden. Es ist keinesfalls selbstverständlich und auch nicht immer so einfach. Je nachdem, was Eheleute für Erfahrungen in der Ursprungsfamilie haben, kann dies Neuland sein. Was die Eltern vorgelebt und gestaltet haben, prägt auch die Vorstellung und Handlungsmuster in der eigenen Ehe.

Wenn Ehepaare nicht darüber sprechen können, wo sie emotional bewegt sind, positiv oder negativ, wenn sie einander nicht Anteil geben können an Freude und Hoffnung, Enttäuschung und Angst, dann stumpft die Beziehung ab. Man könnte es vergleichen mit einer nicht schwingenden Membran. Wenn eine Membran verschmutzt, kann sie sich nicht mehr bewegen und irgendwann nicht mehr schwingen. Die nicht geklärten Verletzungen, die nicht ausgesprochenen Enttäuschungen und die nicht geteilte Begeisterung lassen eine Beziehung verstummen. So verlernen es Paare, sich aufeinander zu beziehen.

»Dann stirbt die Beziehung ab, sie wird im wahrsten Sinn totgeschwiegen – oft ohne dass wir es merken.«[18]

Darum ist es wichtig, gerade weil Ehepaare heute familiär und beruflich stark gefordert sind, dass sie sich genug Zeit einplanen, um einander die erste Priorität einzuräumen.

Wenn das Ehegespräch gepflegt wird und Ehepaare einander auch Anteil geben können an emotional berührenden Themen, an Erinnerungen aus der Kindheit, an verletzenden Situationen in der Gegenwart, an früher oder gegenwärtig erlebten Defiziten, an nicht erfüllten Sehnsüchten und Wünschen, dann kann das Gespräch in der Ehe auch heilende, ja therapeutische Wirkung haben. Und zwar sowohl für die Ehe als auch für den Ehepartner, der von einer Verletzungsgeschichte betroffen ist. Es ist eine der großen Vorzüge von Ehe, dass eben auch sehr Persönliches und Intimes miteinander in einem geschützten Raum geteilt werden kann. Wenn das Grundvertrauen da ist, dass Ehepartner einander nicht schaden, sondern helfen wollen, dann können viele gute Prozesse für beide in Gang kommen, wenn sie sich mitteilen und aufeinander hören.

Das Ziel in solchen Prozessen sollte dabei immer sein, dass bisherige negative Kommunikation aufhört. Wenn ein Ungleichgewicht in der Beziehung war wie zum Beispiel Gewalt, Unterdrückung, Mobbing, Gemeinheiten, Ausnutzung oder Demütigung, muss dies unterbrochen werden.

Für Schuld braucht es Vergebung und verzeihen können. Manche suchen sich Zeugen, vor denen sie sich einander Vergebung zusprechen und sich einander neu versprechen. Versöhnung in einer Ehe bedeutet nie, dass die beiden weitermachen wie bisher. Versöhnung bringt immer Innovation, Würde und Wertschätzung in eine Beziehung.

Krise durch Kinderlosigkeit

Leider sind manche Paare von Kinderlosigkeit betroffen. Irgendwann kommt solch ein Paar zu der Erkenntnis, dass es wohl nie Kinder haben wird. Dies ist ein sehr schmerzlicher Trauerprozess und kann in eine Ehekrise führen. Beide Partner fragen sich möglicherweise: *Bin ich schuld?* Oder wenn klar ist, woran es liegt, fühlt sich der oder die dafür Verantwortliche schuldig, denn man »schuldet« dem Partner ein Kind und kann es ihm nicht »bieten«.

Bin ich in den Augen des andern trotzdem noch wertvoll? Oder: *Sucht er/sie sich nun eine/n andere/n, der/die diesen Wunsch erfüllen kann?* Oder: *Wie gestalten wir unsere Zukunft ohne Kinder?*

Meistens mündet ein solcher Trauerprozess in eine intensive Suche nach neuen Zielen und Aufgaben, die man miteinander als wichtig erkannt hat. Er kann aber auch zum Zerbruch einer Beziehung führen.

Krise durch eine Schwangerschaft

Wenn ein Kind erwünscht ist, bringt eine Schwangerschaft keine Verletzung, aber natürlich einen einschneidenden Veränderungsprozess mit sich. Manche Frauen sind in den ersten Wochen unausgeglichen, müde, gestresst, von Übelkeit geplagt, unkonzentriert, stehen neben sich. Ihre Kraft richtet sich mehr nach innen, auf das neue, in ihr heranwachsende Leben. Der Ehemann ist ratlos und weiß nicht so recht, wie er mit dieser launischen oder ständig erschöpften Frau umgehen soll.

Die Vorfreude auf das neue Menschenleben kann eine Beziehung auf wunderbare Weise bereichern: gemeinsam das Kind spüren oder ihm vorsingen, für das Kind beten und es segnen, Träume, Hoffnungen und Wünsche thematisieren und sich die Zukunft miteinander ausmalen.

Eine Schwangerschaft kann aber auch sehr »unpassend« kommen. Sie bringt vielleicht Urlaubspläne, berufliche Perspektiven, finanzielle Möglichkeiten durcheinander. Wenn einer oder beide nicht zu einem Ja finden, kann dies zu einer ernsten Krise führen. Wenn sich das Paar zu einer Abtreibung entscheidet, ist damit das Ende der Beziehung meistens vorprogrammiert. Denn eine Entscheidung gegen ein Kind bedeutet auch eine Entscheidung gegen eine gemeinsame Zukunft.

Krise durch eine Fehlgeburt

Eine Fehlgeburt kann eine Partnerschaft emotional schwer durcheinanderbringen. Ein Stück gemeinsame Zukunft geht verloren. Die Frau fühlt sich vielleicht unfähig, ein Kind in sich zu bergen, oder hat Schuldgefühle gegenüber dem Mann. Dazu kommen körperliche Schmerzen, auch das »Weinen des Körpers«, der dem Kind hinterherblutet, ganz zu schweigen von der Verlusterfahrung, dieses Kind nie lebend im Arm halten zu können. Die Vorfreude ist abgebrochen, die schon gewachsene Beziehung zu dem Kind findet keine Antwort mehr in einem Gegenüber. Auch der Mann trauert, macht vielleicht der Frau heimliche oder offene Vorwürfe, dass sie es nicht »zustande« gebracht hat, das Kind auszutragen. Für solche Verlusterfahrungen sind Orte und Rituale der Trauer ganz wichtig. Erinnerungspunkte, die der Trauer einen Platz geben. Auf diese Weise kann man sich von einem Kind bewusst verabschieden. Manche Gemeinden haben Gedenkstätten für Totgeborene oder ungeborene Kinder eingerichtet, um der Trauer einen Raum, ähnlich einem Grab, zu geben.

Verletzung durch Untreue

Wenn ein Ehepartner untreu wird, bedeutet das für den Betrogenen eine tiefe Verletzung der Würde und des Selbstwerts. Manche Frauen oder Männer sind so verletzt, dass sie nicht mehr weiterleben wollen. Oft zieht die Untreue Verachtung und Hass nach sich. Der untreue Partner schämt sich vielleicht zutiefst über sein Versagen und fühlt sich tatsächlich verachtenswert.

Untreue ist häufig ein Signal dafür, dass vorher in der Beziehung manches nicht gestimmt hat. Fremdgehen ist oft ein Spiegel der Untreue des Partners in einem anderen Bereich. So kann es sein, dass dem Ehepartner nicht genügend Zeit, nicht genug Achtung, nicht der gebührende Stellenwert eingeräumt wurde, sondern anderen Dingen oder Menschen (zum Beispiel auch den Eltern) mehr Gewicht beigemessen, mehr Ehre gegeben wurde.

Eine Frau erzählt, wie ihr Mann ihr eines Tages gesteht, dass er Ehebruch begangen hat: »Er sagte zu mir: ›Ich hatte ein Verhältnis mit einer Arbeitskollegin bis vor einer Woche. Nun habe ich Schluss gemacht. Ich möchte dich um Vergebung bitten.‹ Wie mir nach diesen Sätzen zumute war, lässt sich schwer in Worte kleiden. Meine Welt stürzte zusammen. Ich konnte und wollte es nicht fassen. Ich wollte fortlaufen, nicht mehr leben, diese Show nicht mehr mitmachen und weinte und weinte und weinte. Die ersten Tage danach mit meinem Mann waren schrecklich.

Das Einzige, was uns in dieser Zeit noch half, war unser gemeinsamer Wille, miteinander weiterzumachen, uns gegenseitig zu vergeben und miteinander an unserer Ehe zu arbeiten.

Folgendes Bild ergab sich nach Monaten harter Arbeit für uns: Unser sexuelles Zusammensein hatte noch nie so richtig geklappt. Wir hatten schon mit 15 Jahren unsere ersten sexuellen Kontakte, die für mich aber nur negativ waren. Auch nach der Hochzeit konnte ich für mich wenig Positives an der Sexualität finden. Die Wunden waren wohl zu tief, als dass sie allein heilen konnten. Dies bewirkte bei meinem Mann auf die Jahre gesehen eine große Unzufriedenheit. Immer wieder erhoffte er sich Besserung. Aber mein Interesse auf sexuellem Gebiet war und blieb gering. Dies zu erleben, machte ihn oft sehr aggressiv und kritisch mir und den Kindern gegenüber. Und auch ich begann, ihn mehr und mehr abzulehnen. Ich flüchtete in Tagträume und begann, mir vorzustellen, wie eine Ehe und Familie sein könnte – natürlich mit einem anderen Mann. So beging ich Ehebruch auf meine Art – im Kopf. In dieser Zeit begann dann auch die Geschichte meines Mannes. Als die Umstände passten und die entsprechende Frau da war, passierte es. Seine unerfüllten Wünsche wurden Realität, er bekam auf sexuellem Gebiet alles, was er sich bisher gewünscht hatte, und auch im emotionalen Bereich, wo bei mir mittlerweile nur Ablehnung, Resignation und Angst rüberkamen, war plötzlich Erwünschtsein, Bewunderung und Selbstsicherheit.«

Obwohl die beiden miteinander neu angefangen hatten und gute Schritte aufeinander zu und miteinander machten, kam es bei der Frau, die hier berichtet, über längere Zeit immer wieder zu schweren Depressionen. Schon ganz kleine Anlässe genügten und sie stürzte ab. Tränen, keine Energie zum Arbeiten, keine Nerven für die Kinder. Es war nicht die Zeit, die die Wunden geheilt hat, sondern vor allem der Wille, weiterzumachen, der Wille, an der Ehe zu arbeiten, manches grundsätzlich zu verändern und immer wieder Vergebung und neues Vertrauen zu wagen. Es war ein langsamer Weg vom Misstrauen zu neuem Vertrauen zueinander.

Die Bibel gibt uns für das Gelingen einer Ehe viele gute Hinweise – so zum Beispiel schon gleich am Anfang in der Schöpfungsgeschichte. Da gibt Gott dem Menschen den Hinweis, dass Ehe das Verlassen der Eltern braucht, das einander Anhangen und Einswerden. Das Wort, das hier im Hebräischen für Verlassen steht, meint in seiner Übersetzung »trennen« oder »scheiden«. Ein hartes und klares Wort. Der Mann muss sich von Vater und Mutter »scheiden«, sonst wird es mit der neuen Beziehung nichts. In unserer heutigen Kultur würde dieses Wort genauso der Frau gelten. Denn sie hat in der damaligen Kultur sowieso immer »verlassen«, sie zog zum Mann. Das ist in unserer heutigen westlichen Kultur nicht von vorneherein klar. Das bedeutet, der Ehepartner soll den ersten Platz im Herzen haben, Nummer 1 sein in den menschlichen Beziehungen. Alle anderen Beziehungen oder auch Tätigkeiten gehören auf Platz zwei oder drei oder noch weiter nach hinten. Wenn diese Reihenfolge missachtet wird, gibt es Probleme. Dann werden Ehepartner einander »untreu«. In Entscheidungen und

Bewertungen muss ich mich trennen von den Bewertungen und Anweisungen der Eltern; kann lernen, auf den Ehepartner zu hören und miteinander auf Gott; soll im Gesprächsprozess mit dem Ehepartner zu einem neuen Wir finden.

Ehekrisen können sehr verletzen, aber sie können auch große Chancen in sich bergen, denn sie machen wunde Punkte deutlich. Sie zeigen Schwachstellen in der Kommunikation, sie zeigen Ungleichgewicht oder Unterdrückung von Bedürfnissen auf. So können sie helfen, an dem Miteinander zu arbeiten und neu zueinanderzufinden, manches neu miteinander zu gestalten oder neu zu bewerten, manches auch zu lassen oder grundsätzlich zu verändern.

Scheidung

Scheidung verletzt zutiefst, und zwar beide und falls Kinder da sind, diese auch. Eine Scheidung ist zuerst mal eine Erfahrung des Scheiterns. Das Gefühl, nicht fähig gewesen zu sein, eine Ehe sinnvoll zu gestalten, kann sehr beschämend sein. Ein Stück der Vergangenheit bricht vom bisherigen Leben ab. Dies bringt eine tiefe Identitätskrise mit sich. *Bin ich es nicht wert, dass er oder sie geblieben wäre? Wer war ich bisher und wer bin ich ab jetzt?* Oder: *Wie gehe ich in der Erinnerung mit dem Teil meines Lebens um, der mit dem Ehepartner verbunden war?* Möglicherweise legt man den bisherigen Namen ab, mit dem Erfahrungen und Erlebnisse, Bewertungen und Beziehungen verbunden waren. Schuldgefühle, Selbstabwertungen, Vorwürfe vonseiten der Eltern, Schwiegereltern oder Kinder führen zu Minderwertigkeitsgefühlen oder sogar Selbstmordgedanken.

Dem bisherigen Partner gegenüber reichen die Gefühle von Verständnislosigkeit bis hin zu Hass und Rachegelüsten. Im Scheidungsprozess kommt es zu zusätzlichen Verletzungen. Das Bild der »schmutzigen Wäsche« ist leider oft zutreffend.

Wut ist nach einem solchen Prozess am Anfang das vorherrschende Gefühl. Hält sie länger an, dann vergiftet sie die Seele und auch die Kinder, die von beiden herkommen.

Menschen, die solches erleben, brauchen Freunde, die mit ihnen gehen und zu ihnen stehen, auch wenn sie mit der Scheidung nicht einverstanden sind. Oft erleben Menschen in Scheidungsprozessen, dass sich engste Freunde von ihnen trennen. Doch die Abwertung oder Verurteilung hilft in einer solchen Situation nicht weiter. Natürlich ist es wichtig, im Vorfeld nach Kräften zu helfen, dass Ehen geheilt werden und Paare zu neuen Anfängen finden. Doch wenn dies nicht mehr möglich ist, brauchen solche Menschen die Erfahrung von Barmherzigkeit und Gnade.

Über Trauern und Klagen kann auch Heilung geschehen und ein Neuanfang für den persönlichen Lebensweg möglich werden.

Verletzungen durch Krisen in der Familie

Die Geburt des ersten Kindes

Mit der Geburt eines Kindes ändert sich Grundlegendes: Vorher waren die beiden ein Paar, konnten sich die Zeit frei und spontan einteilen. Dies ist mit der Ankunft des neuen Erdenbürgers nicht mehr möglich. Die Zeitabläufe werden vom Kind diktiert, die Nachtruhe ist gestört. In der Paarbeziehung sind die Eltern nicht mehr nur Partner, sondern eben auch Vater und Mutter. Wie der andere mit dem Kind umgeht, freut oder verunsichert sie. Sie sind einverstanden oder es gefällt ihnen nicht. In der Regel bilden Mutter und Kind eine symbiotische Beziehung, vor allem wenn das Kind gestillt wird. Mancher Vater fühlt sich »außen vor«, nicht dazugehörig und vielleicht auch nicht mehr so wertgeschätzt wie bisher. Alle Gratulanten fragen, wie es Mutter und Kind geht; der Vater steht daneben. Der Bedarf nach Zärtlichkeit bei der Mutter ist durch das Kind gedeckt, der Vater ist in der Gefahr, emotional »auszuhungern«. Immer wieder geschieht es, dass um die Geburt eines Kindes herum der Vater seiner Frau untreu wird und in die Arme einer anderen Frau flieht.

Ehepaare brauchen regelmäßig Zeit zu zweit, einen Abend im Monat – besser pro Woche – für die Ehe, vielleicht einmal im Jahr ein Wochenende ganz ohne Kind(er), um das Gespräch zu pflegen, sich immer wieder auch über Themen auszutauschen, die nicht nur Kinder und Erziehungsfragen berühren, um sich zu erzählen, was sie freut, wo Hoffnungen und Ängste, Befürchtungen und Zweifel sind. Solche Gesprächsräume sind ein tragendes Fundament, das sich gerade dann bewährt, wenn Kinder aus dem Haus gehen und Eltern wieder zu zweit allein sind. Dann zeigt sich, was in der Ehekommunikation in den Jahren gewachsen ist, ob Themen miteinander entwickelt wurden, die auch unabhängig von den Kindern wichtig geworden sind und Gemeinsamkeiten schaffen.

Tod eines Kindes

Der Tod eines Kindes ist eine schwere Last für die Eltern und Geschwister. Solch ein Ereignis kann ein Ehepaar oder eine Familie noch viel enger zusammenschweißen als je zuvor. Aber es kann auch eine schwere Krise für eine Beziehung werden. Wenn ein Kind stirbt, stirbt ein Stück Zukunft. Jeder trauert auf seine Weise, braucht seine speziellen Orte und Rituale des Rückzuges, die sich deutlich von denen des Ehepartners unterscheiden können. Das Gespräch erstirbt möglicherweise, weil Trauer nicht wirklich in Worte gefasst werden kann oder weil in jedem neuen Reden nur immer wieder der Schmerz durchbricht. Darum bedeutet der Tod eines Kindes auch eine Verunsicherung der Paarbeziehung. Wie schwierig es ist, mit dem Sterben oder dem Tod eines Kindes fertigzuwerden, zeigt sich in der deutlich erhöhten Trennungsrate von Paaren nach solchen Erlebnissen.[19]

Hochzeit der Kinder

Durch die Heirat eines Kindes verflechten sich zwei Familiensysteme. Die andere Familie hat möglicherweise ganz andere Werte, Abläufe und Rituale. Das kann bereichern und herausfordern, aber auch persönlich infrage stellen oder verunsichern. Es kann schwierig sein für Eltern, Kinder bewusst in eine Ehe hinein freizugeben und sich nicht in deren Leben einzumischen. Wenn die Eltern nicht einverstanden sind mit der Wahl des Schwiegersohnes oder der Schwiegertochter, kann das zu einem handfesten Konflikt zwischen Eltern und dem jungen Ehepaar werden. Viele Eheprobleme rühren daher, dass Eltern auch in der Ehe ihrer Kinder immer noch Erzieher sein wollen, dass sie ihnen sagen wollen, wo es langgeht und wie sie es richtig machen sollen.

Ganz bewusst spricht die Bibel davon, dass Kinder die Eltern verlassen müssen, damit Ehe gelingen kann (1. Mose 2,24). Deswegen müssen sich Eltern auch bewusst von der Verantwortung für ihre Kinder lösen.

Eltern haben nicht das Recht, sich in die Ehe der Kinder einzumischen mit Anweisungen, Prophezeiungen oder Bewertungen. Sobald sie das tun, treiben sie einen Keil in die Ehe und werden schuldig an ihren Kindern.

Zurückhaltung ist nicht immer einfach, vor allem wenn Eltern sehen, dass manche Dinge in der Ehe der Kinder nicht gut gelingen. Trotzdem haben Eltern nicht das Recht, ungefragt Ratschläge zu geben.

Geburt von Enkelkindern

Wenn Enkelkinder geboren werden, rücken Eltern in die nächste Generation auf. Dies bringt neue Verantwortung, neue Belastungen und Sorgen, aber auch neue Horizonte und Freuden mit sich.

Je nachdem, ob Eltern die eigenen Großeltern als wichtig oder unwichtig, als bereichernd oder als belastend für das eigene Leben erlebt haben, gehen sie mit dieser neuen Identität unterschiedlich um.

Manche wehren sich gegen das Großelternsein und empfinden es als störenden Einschnitt ihrer freien Zeitgestaltung oder ihrer Identität, fühlen sich zu jung oder schon zu alt dafür. Manche sind auch nicht bereit, für Enkelkinder Zeit zu investieren. Andere stürzen sich mit solcher Liebe und Hingabe auf die Enkelkinder, dass dies vonseiten der Eltern und der Enkel als Einmischung oder Bevormundung erlebt wird. Jede Familie ist in ihren Bedürfnissen anders. Großeltern sollten fragen, wo Hilfe gebraucht wird, und auch ein Nein oder eine Ablehnung der Hilfsangebote akzeptieren, ohne beleidigt zu sein.

Im Erziehungsprozess

Kinder sind eine Freude, eine große Bereicherung im Leben. Aber Eltern können auch große Probleme mit ihren heranwachsenden Kindern bekommen.

Dies kann verschiedene Ursachen haben. Wer zum ersten Mal Vater oder Mutter wird, wird die Erfahrung machen, dass Kindheitserinnerungen und Kindheitsgefühle wieder aufpoppen. Fast könnte man im Bild davon sprechen, dass diese wie Luftblasen aus dem Wasser auftauchen. Ein kleines Kind weckt Gefühle in uns auf, die bisher vielleicht verborgen waren. Sowohl die guten Erfahrungen als auch die schmerzlichen.

Wenn ein Vater oder eine Mutter als Säugling viel schreien musste, weil das früher so üblich war, kann das zu sehr unterschiedlichen Reaktionen führen:

- Entweder Vater oder die Mutter wollen auf keinen Fall, dass ihr Baby schreien muss, und reagieren sofort, vielleicht auch überängstlich.
- Vielleicht kommt Angst hoch, das eigene Gefühl der Hilflosigkeit und Verlassenheit von früher wird wieder geweckt und führt zu emotionaler Verwirrung.
- Es kann auch sein, dass Eltern ihr Baby schreien lassen mit dem Gefühl: *Dir darf es auch nicht besser gehen als mir.* Oder auch: *Mir hat es nicht geschadet, darum musst du das jetzt aushalten.*

Die eigene Vergangenheit meldet sich mit dem ersten eigenen Kind immer zu Wort. Das kann verunsichern oder den Umgang mit den Kindern stören, sodass belastende Situationen aus der eigenen Kindheit wieder neu im aktuellen Familienleben inszeniert werden. Situationen der Demütigung, des Missbrauchs, der Lieblosigkeit sind oft nichts anderes als ein Wiederaufleben der eigenen Kindheit.

Es kann also sein, dass ein Ehepartner den Umgang des anderen mit dem Kind oder den Kindern nicht gutheißt oder als störend oder gestört empfindet. Das kann in einen handfesten Streit eskalieren oder in gegenseitigen Schuldzuweisungen münden. Es kann auch zu einer tiefen Verunsicherung und Hilflosigkeit im Miteinander führen.

Wenn Eltern ein sehr temperamentvolles oder ein überaktives Kind haben, das stark fordert oder auch überfordert, oder wenn ein behindertes oder krankes Kind geboren wird, kann dies sehr belastend sein. Be- und Verurteilungen von außen oder auch gut gemeinte Ratschläge sind meistens nicht hilfreich, sondern zusätzlich verletzend.

Auch die Pubertät der Kinder kann vor große Herausforderungen stellen. Manche Eltern fühlen sich überfordert und hilflos. Pubertierende können in ihrem Verhalten sehr verletzend sein, ohne es tatsächlich so zu meinen. Nach außen bewerten sie ihre Eltern sehr hoch und sprechen mit Achtung von ihnen, vertreten oft auch deren Meinung. Aber nach innen, im familiären Rahmen, geben sie Eltern oft das Gefühl, alles nur falsch zu machen. Diese fühlen sich angeklagt oder verurteilt, sind von manchen Aussagen der Kinder oft auch tief gekränkt. Es kann eine Hilfe sein, sich bewusst zu machen, dass Kinder damit oft nur ihre innere Unausgeglichenheit und Unsicherheit signalisieren, dass der Hormoncocktail in ihrem Körper verrücktspielt und ihre Gefühle Achterbahn fahren. Wenn Kinder in dieser Sturm-und-Drang-Zeit die »Vorschuss-Liebe« der Eltern spüren, wenn sie erfahren, dass ihre Eltern zu ihnen halten, dass sie nach einem Streit den ersten Schritt auf sie zu machen, dann hält das ihre »Herzenstüren« offen und entspricht dem väterlichen oder mütterlichen Bild Gottes, wie es uns in der Bibel begegnet. Im Gleichnis vom »verlorenen Sohn« (Lukas 15) war es der Vater, der sich nach seinem Sohn sehnte und bereit war, dem Sohn einen Neuanfang zu ermöglichen.

Verletzungen durch erwachsene Kinder

Viele freuen sich an ihren erwachsen gewordenen Kindern. Sie können dankbar auf sie schauen und in positiver Weise stolz auf sie sein. Aber manche machen auch negative Erfahrungen. »Kleine Kinder – kleine Sorgen, große Kinder – große Sorgen.«

Diesem Satz stimmen manche seufzend zu. Einige Eltern sind durch erwachsene Kinder in Lebenskrisen geraten.

Dies kann der Fall sein

- wenn erwachsene Kinder straffällig werden oder anderweitig auffällig sind.
- wenn sie in der Erziehung oder in der Haushaltsführung nicht zurechtkommen.
- wenn sie in finanzielle Schwierigkeiten geraten.
- wenn sie sich scheiden lassen oder Eheprobleme haben.

Die Eltern dieser Kinder schämen sich dann vielleicht oder werden von anderen als Rabeneltern oder Erziehungsversager angeklagt. Dies kann so weit führen, dass sie den Sinn ihres eigenen Daseins hinterfragen, ihren Wert infrage stellen.

Eltern, die solches oder Ähnliches erleben, fühlen sich mitschuldig daran, dass ihre Kinder »so« geworden sind. Sie machen sich Vorwürfe, meinen, sie hätten sie falsch erzogen, stellen sich selbst zutiefst infrage, werden möglicherweise depressiv.

Eine Frau erzählte, dass sie mit ihrem Schwiegersohn große Probleme hatte. Sie war nicht einverstanden mit der Art und Weise, wie er mit den Kindern umging, und sagte das dann ihrer Tochter. Wenige Tage später erhielt sie einen Anruf mit der Information, dass sie zur »unerwünschten Person« in der Familie erklärt wurde. Von da an verweigerte die Tochter ihr den Zugang zur Wohnung, sie durfte keinen Kontakt mehr zu den Enkeln haben. Briefe und Geschenke wurden zurückgeschickt. Sie weinte oft viele Nächte durch und auch tagsüber fand sie selten noch Dinge, die ihr Freude machten.

Eltern, die solches oder Ähnliches erleben, haben oft das Gefühl, nur noch vor Trümmern zu stehen, und sehen in der Zukunft kein Licht. Sie haben Angst vor dem, was alles noch kommen könnte. Schlaflosigkeit, Appetitlosigkeit und tiefe Verzweiflung können sich breitmachen. Die Kraft zum Leben fehlt.

Wenn die Vergangenheit unter dem Schatten des Versagens steht, wird die Zukunft genauso infrage gestellt und mit Ängsten besetzt. Hoffnungen an eine gelingende Zukunft der Kinder zerbrechen. Anstelle der Freude an den Kindern und Enkeln machen sich Sorgen breit. Dies endet oft damit, dass man sich in übertriebenem Maß um die eigenen Ängste dreht. Solches »Zersorgen« kann die ganze Lebenskraft nehmen.

Eltern können und dürfen den Kindern oft nichts sagen, sie müssen schweigen und zusehen. Das verstärkt noch das Leiden. Denn am liebsten würden sie sich in solchen Situationen mit ihrer elterlichen Weisheit einmischen und der Situation eine andere Richtung geben. Helfen und Eingreifen dürfen sie aber nur, wenn sie darum gebeten werden. Wenn sie sich selbst aufdrängen, kann dies die ganze Konfliktsituation nur noch verstärken und die Beziehung zu den Kindern zusätzlich belasten.

Es kann eine Hilfe sein, sich bewusst zu machen, dass Kinder selbst für die Gestaltung ihres Lebens verantwortlich sind. Eltern müssen loslassen.

Genau dazu kann auch bewusstes Trauern nötig und hilfreich sein: Trauer über verlorene Ideale, über eigenes Versagen oder Schuld, über Wege der Kinder, die die Eltern als falsch ansehen. Gerade in solchen Situationen besteht jedoch die Gefahr, dass Eltern in Selbstmitleid landen. Doch Selbstmitleid ist der Feind der Trauer. Selbstmitleid führt nur weiter in die Selbstumkreisung, echte Trauer mündet im Loslassenkönnen und Freiwerden vor Gott.

Die Bibel ermutigt uns, uns in solchen Situationen aktiv Christus zuzuwenden: »Alle eure Sorge werft auf ihn, denn er sorgt für euch« (1. Petrus 5,7). Dieses aktive Abwerfen der zerstörerischen Gedanken ist tatsächlich oft das Einzige, was in solchen

Situationen noch helfen kann. Es ist ein bewusster Akt, eine Entscheidung, jedes Mal wenn die Sorgen uns überfallen, den ganzen Ballast Gott vor die Füße zu werfen und so unseren Gedanken eine neue Richtung zu geben. Sich mit sorgenvollen Gedanken zu zermartern, macht uns nur selbst kaputt.

Auch die Fürbitte für die Kinder kann von Sorgen entlasten. Gott ist mächtiger als alle Gedankenspiele. Er weiß letztlich allein, wie ein Ausweg aussehen könnte, und auch, wie Kinder diesen entdecken können. Darum: Wenn Eltern ihre Kinder immer wieder Gott anvertrauen und von ihm Großes erwarten, kann das Herz frei werden, um getröstet zu werden und auch wieder Freude erleben zu können. Das führt dann oft zu einer großen Gelassenheit, dazu, dass der Blick frei wird zur Dankbarkeit. Es gibt in allem Schweren immer auch Positives und im Rückblick sieht manches dann auch ganz anders aus.

Selbstverletzung durch Abtreibung

Leid kann man sich auch selbst zufügen. Die schlimmste Verletzung, die sich Frauen antun können, ist eine Abtreibung. Die Gründe dafür können durchaus nachvollziehbar sein. Viele Frauen fühlen sich komplett überfordert durch eine Schwangerschaft. Sie können sich eine Zukunft mit einem Kind oder einem weiteren Kind oder auch mit einem Kind von dem Mann, durch den sie schwanger geworden sind, überhaupt nicht vorstellen. Manche Berater, Ärzte, Freunde, Eltern oder Partner drängen dann teils mit Drohungen eine Frau zur Abtreibung: *Wir werden dich nicht unterstützen, wenn du das Kinder behältst.* Oder: *wenn du nicht abtreibst, gehe ich oder kündige dir die Freundschaft.* Viele Frauen sind so verzweifelt, dass eine Abtreibung der einzige Ausweg zu sein scheint.

Viele Betroffene haben danach gesagt: *Wenn ich gewusst hätte, wie ich mich hinterher fühlen würde, hätte ich es niemals getan.*

Schuldgefühle und Selbsthass können zum ständigen Lebensbegleiter werden. Ein großes Erschrecken darüber, dass der eigene Körper zum Ort des Mordes geworden ist, kann einen positiven Bezug zum Körper verunmöglichen. Die Beziehung, aus der das Kind entstanden ist, geht fast immer in die Brüche, denn die unterschwellige Botschaft einer Abtreibung lautet ja: *Mit dir kann ich mir eine Zukunft (ein Kind) nicht vorstellen.* Oder: *Unsere Beziehung ist nicht so stabil, dass sie ein gemeinsames Kind tragen kann.*

Frauen, die so etwas erlebt haben, brauchen es, dass sie sich zu ihrer Schuld stellen und dann auch den Zuspruch von Vergebung empfangen können. Ohne einen Akt der Reue und der Buße findet die Seele nach einem solchen Geschehen keine Ruhe.

Sie brauchen weiterhin ein inneres Bild dafür, wo ihr Kind jetzt ist. Jedes abgetriebene Kind ist mit Sicherheit auf dem Schoß von Jesus, denn er lädt die Kinder ein, zu ihm zu kommen. Er hat Erbarmen mit den unschuldig Ermordeten.

Frauen, die abgetrieben haben, müssen ihrem Kind einen Namen geben. Es kann sehr hilfreich sein, dieses Kind mit einem Ritual symbolisch zu beerdigen und in den Frieden Gottes zu legen.

Auch ein Gedenktag an den möglichen Geburtstag oder an den Tag der Abtreibung kann helfen, dass die Seele wieder zum Frieden findet.

Mobbing und üble Nachrede

Völlig unvermittelt können Menschen im privaten oder beruflichen Bereich vor der Tatsache stehen, dass Unwahrheiten über sie, ihre Familie oder Freunde verbreitet werden. Meistens sind solche Menschen Zielscheibe, die sich engagieren und einsetzen, die sich in der Öffentlichkeit zeigen und sich damit auch angreifbar machen. Engagement und Erfolg ziehen auch häufig Neid nach sich. Wer neidisch ist, neigt schnell zum Mobbing.[20]

Damit klug umzugehen, ist nicht so einfach. Die häufigste Reaktion darauf ist, dass man sich zum Opfer machen lässt.

Das geschieht auf dreierlei Weise:

1. Die üble Nachrede wird verstärkt durch Selbstbezichtigung, Beleidigtsein und Rückzug: Das habe ich jetzt davon. Oder: *Vermutlich haben die ja irgendwie recht.* Oder: *Das nächste Mal halte ich mich aus allem raus.*
2. Sehr häufig gewinnen auch negative Gedanken gegenüber anderen die Oberhand. Dann ist die Reaktion Wut, Rachegedanken und Schadenfreude. Wenn den Mobbenden selbst etwas Negatives geschieht, kommt Häme auf: *Selbst schuld* oder: *Das kommt davon* oder: *Das geschieht dir jetzt gerade recht.* Mit solchen Reaktionen schaden sich Menschen immer selbst am meisten. Dann sind sie Opfer ihrer eigenen negativen Gedanken und Gefühle geworden und lassen sich davon beherrschen.
3. Bitterkeit ist die dritte Opferfalle. Das äußert sich in Misstrauen: *Ich ziehe mich zurück, denke schlecht von allen Menschen.* Dies führt dann zu einer schleichenden Vergiftung des Herzens. So lassen sich Gemobbte zum Opfer machen. Sie werden abhängig von der Situation, sie kreisen darum, geben in Gedanken der Verletzung und den Tätern viel zu viel Raum.

Aus psychologischer Sicht weiß man inzwischen längst, dass der souveräne Umgang mit solchen Situationen immer der bessere Weg ist als der Weg in die Negativ-Spirale der Gedanken und Gefühle. Darum gibt die Bibel, das beste Psychologiebuch der Welt, uns für solche Fälle einen hervorragenden Rat: »Vergeltet nicht Böses mit Bösem oder Scheltwort mit Scheltwort, sondern segnet vielmehr, weil ihr dazu berufen seid, auf dass ihr Segen erbt« (1. Petrus 3,9), und an anderer Stelle sagt Jesus: »Liebt eure Feinde; tut wohl denen, die euch hassen; segnet, die euch verfluchen; bittet für die, die euch beleidigen« (Lukas 6,27-28). Wer für andere, die ihm schaden wollen, beten und sie segnen kann, wird frei von Bitterkeit und Rachegedanken und nimmt den »Feinden«, auch den feindlichen und zerstörerischen Gedanken, ihre Macht. So kommt man aus der Opferfalle heraus und kann sich souverän über die Situation stellen.

Eine klassische Beispielgeschichte zum Thema Mobbing in der Familie ist die Erzählung von Mose, Aaron und Miriam (4. Mose 12,1-15). Sie, die älteste von drei Geschwistern, möchte gerne vorangehen und führen. Sie ist neidisch, dass Gott durch Mose redet. Sie möchte auch beachtet und gesehen werden. Es ist den Erstgeborenen ein Stück weit in die Wiege gelegt, Verantwortungsträger sein zu können und zu wollen. Es ist die Hypothek und Chance der Erstgeborenen, dass von ihnen viel erwartet und gefordert wird: Leistung und Verantwortung. Sie sind »Vorausgeher« und Wegbereiter.[21] Ihnen wird Verantwortung übertragen und es wird ihnen zugetraut, dass sie dieser gerecht werden können. Damit ist zugleich auch eine Erwartung an Leistung und Erfolg verknüpft. So fühlen sie sich immer einerseits herausgefordert und verantwortlich, bei Scheitern aber auch schuldig oder gedemütigt.

So ging es wohl auch Miriam. Nicht ihr wurde die Verantwortung der Führung des Volkes Israel übertragen, sondern Gott erwählte Mose, den kleinen Bruder, Nummer drei in der Geschwisterfolge. So konnte sie auch den »Erfolg« nicht für sich verbuchen und fühlte sich zurückgesetzt. Sie war neidisch auf Mose (4 Mose 12,2).

Was passierte? Sie fing an, Mose und seine Frau zu mobben. Neid ist häufig der Boden, auf dem Mobbing entsteht. Schon das Wissen um diesen Zusammenhang kann Mobbingopfern eine Hilfe sein. Ebenso die Frage: *Auf was ist der Mobbende so eifersüchtig? Was fehlt ihm oder ihr? Woran leidet er oder sie?*

Mobbing kann noch weitere Ursachen haben, wie Selbstaufwertung oder Machterweiterung. Welche Motive letztlich zu Miriams Mobbingverhalten geführt haben, wissen wir nicht. Anlass zu Mobbing hatte sie jedenfalls genug. Die Frau des Mose war eine Kuschiterin, in Miriams Augen eine Fremde. So fand Miriam allen Grund zum Lästern. Kulturelle Verschiedenartigkeit fordert heraus, ärgert und stört. Dagegen wird gemobbt. Miriam verstrickte sich so in ihre negative Grundhaltung, dass sie davon krank wurde. Die nagenden Gefühle gingen ihr so unter die Haut, dass sie die schwere Hautkrankheit Aussatz bekam.

Was tat Mose daraufhin? Wir könnten vermuten, dass er von Schadenfreude gepackt wurde. *Das hat sie jetzt davon.* Oder: *Selbst schuld, das ist nun die Folge deiner Gemeinheiten.*

Nichts davon tat er. Mose vergalt Böses mit Gutem. Er handelte souverän. Er betete für Miriam – und daraufhin wurde sie wieder gesund. Er ließ sich also nicht zum Mobbing-Opfer machen, sondern stellte sich segnend und betend über sie. Er wurde in positiver Weise in dieser Situation aktiv und geriet so nicht in die Mobbingfalle.

TRAUMATISCHE ERFAHRUNGEN

Einleitende Gedanken

»Trauma« heißt Verletzung. Diese kann sowohl seelischen als auch körperlichen Ursprungs sein. Von einem Trauma spricht man, wenn Menschen ohnmächtig schweren körperlichen und emotionalen Reizen wie Angst, Schmerz oder Todesnähe ausgesetzt waren – entweder als Opfer oder als Zeuge – und dieser Situation nicht entfliehen konnten.

Situationen, die Traumata hervorrufen können, sind Kriegserfahrungen, Folter, sexuelle Übergriffe, Misshandlung, Vergewaltigung. Auch permanente Grenzverletzungen in symbiotischen Beziehungen können traumatisieren. Dazu gehören emotionale Beeinflussung, Verbot einer eigenen Meinung, Benutzung der persönlichen Gegenstände, Kontrolle der Kleidung, der Nahrungszufuhr oder der Körperfunktionen, Lesen von Tagebüchern oder E-Mails, immer wiederkehrende Szenen von Demütigung oder Mobbing.

Aber auch ein Unfall, Feuer, eine Naturkatastrophe oder eine körperliche Reaktion wie ein Herzinfarkt, eine schwere allergische Reaktion oder eine schwere Geburt, starke Schmerzen, also Situationen, in denen Menschen ihren Körperreaktionen und -gefühlen hilflos ausgeliefert sind, können traumatisieren.

Solche Erfahrungen übersteigen dann die normalen Stress verarbeitenden Mechanismen – wie Flucht oder Angriff. Denn beides ist nicht mehr möglich.

Traumatische Reaktionen treten auf, wenn Handeln keinen Sinn mehr macht oder unmöglich ist. Das Gefühl, ausgeliefert, hilflos und verloren zu sein, ist vorherrschend. Der einzige

Ausweg, der dann in der Situation oft bleibt: Menschen verlassen die körperlichen Empfindungen, schalten das Bewusstsein für die Situation und die dazugehörigen Gefühle ab. Manche Menschen beschreiben es so, als sähen sie sich von außen, als stünden sie neben sich und fühlten nichts mehr. Sie schauen zu, was ihnen passiert. Der Schmerz ist abgeschaltet. Gefühle werden nicht mehr wahrgenommen. Damit ist das Geschehen besser erträglich.

Viele Traumatisierte haben das Gefühl, ein Teil von ihnen sei gestorben. »Traumatische Ereignisse vernichten die Vorstellung des Opfers von Geborgenheit, das Bewusstsein seines eigenen Wertes und die Überzeugung, dass der Schöpfung eine sinnvolle Ordnung zugrunde liegt.«[22] Und Traumata hinterlassen darum häufig ein grundsätzliches Misstrauen gegenüber anderen Menschen und dem Leben. »Denn das Trauma kann dazu führen, dass es isolierte Persönlichkeitsanteile gibt, deren sich die Person nicht bewusst ist. Diese Teile haben etwas Schreckliches erlebt. Deswegen werden sie ›weggeschickt‹, werden in ›Schubladen versorgt‹.«[23] Diese Persönlichkeitsanteile melden sich dann in bestimmten Situationen, wenn bestimmte Schlüsselreize die Erinnerung daran wieder hervorholen.

Wenn jemand über längere Zeit in der Kindheit abgewertet, gedemütigt, gemobbt, geschlagen wurde, kann das zu einem kumulativen Trauma führen, also zu einer Anhäufung mehrerer traumatischer Erfahrungen, die wie aufeinandergetürmt wirken. Wer so etwas erlebt, kann in bestimmen Momenten nicht wirklich als erwachsener Mensch handeln, sondern erlebt sich als hilflos wie damals in der Kindheit.

Wenn Verletzungen durch Menschen böswillig zugefügt werden, ist es schwerer, wieder heil zu werden, als wenn sie in eine Naturkatastrophe geraten. Man bezeichnet dies in der Traumaforschung auch als »man made« (von Menschen gemachte) oder »non man made« (nicht von Menschen verursachte) Traumata.

Aber auch die Täter können traumatisiert werden durch die Gewalt, die sie anderen antun. Mörder können durch ihre Tat zutiefst verunsichert sein. Wenn sie das Ergebnis ihres Tuns vor Augen haben, kann es sein, dass sie vollkommen »neben sich stehen«, also dissoziieren. Infolgedessen erleben manche ihr Leben als nicht mehr lebenswert und töten sich selbst – ein Verhalten, das sehr häufig bei Amokläufern zu beobachten ist.

Vergewaltiger verachten sich hinterher häufig selbst und übertragen diese Verachtung auf ihr Opfer und schänden und quälen es deswegen weiter.

Auch viele Kriegsheimkehrer leiden unter posttraumatischen Belastungsstörungen. Viele, weil sie Leid gesehen und erlebt haben, den Tod oder die Hilflosigkeit, wenn Kameraden verletzt wurden oder gestorben sind. Andere aber wurden traumatisiert durch das Leid, das sie anderen zugefügt haben. Sie haben dadurch ihre Würde verloren und sind entsetzt über die Grausamkeit, zu der sie selbst fähig waren. »Jahre nach dem Krieg zeigten diejenigen Männer die meisten Symptome, die mit angesehen hatten, wie anderen Menschen brutal Gewalt angetan wurde, oder die selbst an solchen Gewalttaten beteiligt gewesen waren.«[24]

Und auch Helfer und Beobachter sind nicht vor Traumata gefeit. Kriegsfotografen, Seelsorger, Therapeuten, Sozialarbeiter, medizinisches Personal, Polizisten können traumatisiert werden durch das, was sie in einem Einsatz erleben.

Manche Helfer in Katastropheneinsätzen berichteten, dass sie durch die schrecklichen Bilder selbst zu Opfern wurden. Eine Umfrage unter Helfern bei der Katastrophe auf der Flugschau in Ramstein im Jahr 1988 mit 70 Todesopfern und rund

1 000 Verletzten ergab eine erschreckende Bilanz: »Von sechs Feuerwehrmännern eines Ramstein-Löschzuges nahmen sich zwei das Leben, einer war nicht mehr arbeitsfähig, und drei haben ihren Beruf gewechselt.«[25]

Auch das Miterleben von Naturkatastrophen wie Erdbeben, Überschwemmungen, Feuersbrünsten, Lawinenunglücken oder auch Kriegsgeschehen kann traumatisieren. Die Folgen sind gesteigerte Erregbarkeit und Schreckhaftigkeit, immer wiederkehrende albtraumartige Erinnerungen, Gefühle von Wut und Ohnmacht, Hilflosigkeit und auch Vermeidungsstrategien: *Ich gehe nie wieder an diesen Ort oder in ein solches Fahrzeug.*

Nicht jedes Trauma macht auf Dauer krank, vor allem solche nicht, die erst im Erwachsenenalter passieren. Bei einem Drittel der Betroffenen verschwinden dann die Belastungsstörungen nach etwa einem halben Jahr von selbst, ein weiteres Drittel kommt wieder ganz gut im Leben zurecht, bis sie wieder in eine ähnliche Situation geraten. Bei einem weiteren Drittel treten auf Dauer »posttraumatische Belastungsstörungen« (PTBS) auf.

Dies kann sich äußern in Antriebslosigkeit, Schlafstörungen, Albträumen, schlimmen Gedanken. Die Lebensfreude ist verloren gegangen. Eine Grundhaltung der Ängstlichkeit kann ein ständiger Begleiter sein. Manche sind dadurch nicht mehr berufsfähig.

Traumatische Reaktionen sind zunächst gesunde, normale Reaktionen auf ein unnormales Ereignis. Sie machen sichtbar, dass etwas aus dem inneren Gefüge geraten ist. Sie zeigen sich dahingehend, dass bestimmte Gerüche, Berührungen, Geräusche oder Gefühle wie »Trigger« wirken. Trigger nennt man einen Schlüsselreiz, der zurückversetzt in eine traumatische Situation. Die Trigger erinnern an das schlimme Erlebnis und lösen dann wieder ähnliche Gefühle, Angst, Erschrecken, Hilflosigkeit aus.

Oft reicht ein Geräusch, Geruch, Gefühl, das zurückversetzt in die belastende Erinnerung. »Flashbacks« (»aufblitzende Erinnerungen«) an das fürchterliche Erleben führen die Schreckbilder immer wieder vor Augen und führen emotional zurück in das traumatische Ereignis. Solche Rückholreize beziehungsweise Trigger können sein:

- Ich höre das Geräusch von berstendem Holz und bin wieder in die Naturkatastrophe zurückversetzt. Mein Körper reagiert in Panik wie damals.
- Ich höre das Martinshorn und bin in Gedanken und Gefühlen wieder bei dem Unfall.
- Ich gehe durch einen Krankenhausflur und die Erinnerung an die schwere Krankheitszeit holt mich wieder ein.
- Ich rieche Rauch und bin emotional zurückversetzt in die Brandnacht, in der ich beinahe mein Leben verloren hätte.

Ein Ehepaar wurde nachts von einem Einbrecher überfallen und bedroht. In den Tagen und Wochen danach erlebten beide immer wieder belastende Träume und auch Schreckhaftigkeit bei lauten Geräuschen, infolge dessen Herzrasen und Schlaflosigkeit. Ein lautes Geräusch war ein Trigger, der an die lebensbedrohliche Situation erinnerte.

Trigger führen dann oft zu – für Zuschauer oder nahe Angehörige unerklärlichen – Verhaltensmustern wie: Ausrasten, Wut, Schreien, Übelkeit, Brechreiz, Herzrasen, Atemnot, Schreckhaftigkeit oder auch innerliches Wegtreten, Erstarren, Absencen, Gefühllosigkeit, Kälte am ganzen Körper, Vergessen, Erinnerungsunfähigkeit.

Eine Folge von PTBS ist, dass Menschen oft sehr zurückgezogen leben, begleitet von einem ängstlichen und unsicheren

Lebensgefühl, voller Misstrauen, Scham und Angst anderen Menschen gegenüber. Auch Rituale und Zwänge, die helfen, das Leben zu meistern und angeblich sicher zu machen, gehören zu den Verhaltensmustern solcher Menschen. Aber sie sind eine schwere Beeinträchtigung, da das Leben dadurch zu einem schmalen Weg wird – wie der Weg auf Holzstegen durch ein Hochmoor. *Ein Schritt zur Seite ist gefährlich und ich versinke.*

Die Überlebensstrategien, die solche Menschen entwickeln, um irgendwie existieren, manchmal auch nur »vegetieren« zu können, geben einen Rahmen und vermeintliche Sicherheit, aber sie schränken das Leben zugleich massiv ein.

Traumatische Reaktionen hinterlassen sichtbare Spuren im Gehirn. Wir wissen heute, dass solche Spuren auch wieder gelöscht oder umprogrammiert, ja verwandelt werden können.

In einem therapeutischen Prozess wird das auch darin erkennbar, dass Menschen lernen können, mit ihren schlimmen Erfahrungen irgendwann so umzugehen, dass diese ins Leben integriert werden können. Dass die Erinnerung daran Teil des Lebens sein kann, ohne einen immer wieder emotional zurückzuversetzen in die damalige Situation.

Nach solchen Heilungserfahrungen werden sie weder aufs Neue traumatisiert noch müssen sie weiterhin auf Schmalspur leben. Sie werden entdecken, dass das Leben eine Weite und Tiefe bekommt, emotional, gedanklich, erfahrungsmäßig, die sie so vorher nicht leben konnten, durften oder wollten.

Sexueller Missbrauch in der Familie

Wer sexuellen Missbrauch erfährt, ist immer traumatisiert. Unter sexuellem Missbrauch versteht man Handlungen, bei denen Täter andere benützen, um eigene sexuelle Wünsche oder Triebe zu befriedigen. Dies kann auch in verbaler Form geschehen oder indem Täter ihre Opfer zwingen, bei sexuellen Handlungen zuzuschauen oder die Täter zu berühren. Eine der schlimmsten Formen des sexuellen Missbrauchs ist eine Vergewaltigung.

Der meiste Missbrauch geschieht in engen oder geschlossenen Systemen,[26] in Internaten, Gefangenschaften, in Vereinen, engen geistlichen Gemeinschaften und leider vor allem in Familien und deren direktem Umfeld. Dies ist insofern besonders tragisch, da eine Flucht aus solchen Situationen nicht möglich ist. Die Menschen, auf die man angewiesen ist, nutzen diese Situation zum eigenen Vorteil aus.

Sexueller Missbrauch geht immer mit der Unterwerfung des Opfers einher. Das Opfer wird zu Taten gezwungen, die den Täter bestätigen und mächtig erscheinen lassen. Wenn sich ein Opfer wehrt oder versucht zu fliehen, wird es vom Täter meistens noch mehr unter Druck gesetzt und noch stärker gequält. Manchmal versucht der Täter auch, sich zu entschuldigen, und verspricht Besserung, will sich »versöhnen« mit dem Opfer und macht Geschenke. Wenn das Opfer darauf eingeht, wird die Beziehung zum Täter noch enger und die Spirale der Gewalt beginnt von vorne. Die Persönlichkeit des Opfers wird auf diese Weise immer mehr gebrochen. Die Opfer erleben immer stärkere innere und äußere Widersprüche. Es entstehen schwere Selbstwertprobleme und Selbstverachtung. Auch Ehefrauen können in einer solchen Spirale der Unterwerfung gefangen sein. Infolgedessen zwingen sie die Kinder, die Wünsche des Vaters zu erfüllen, und erhoffen sich auf diese Weise mehr Freundlichkeit, Gnade oder Linderung des eigenen Leidens.

Sexueller Missbrauch in der Familie schafft für ein Kind ungeheuer schwierige Entwicklungsbedingungen. Das Kind »muss Urvertrauen und Geborgenheit bei Eltern suchen, die nicht vertrauenswürdig sind und keinen Schutz bieten (...). Es muss die Kontrolle über den eigenen Körper in einer Umgebung erlernen, in der andere nach ihren Bedürfnissen über seinen Körper verfügen. Es muss Initiative entwickeln in einer Umgebung, die verlangt, dass es seinen Willen dem Willen des misshandelnden Elternteils vollständig unterwirft. Schließlich muss es in einer Umgebung, in der alle intimen Beziehungen gestört sind, die Fähigkeit zu intimen Beziehungen entwickeln und eine eigenständige Persönlichkeit werden in einer Umgebung, die es als Sexualobjekt (...) definiert.«[27]

»Kinder sind auf das Wohlwollen der Erwachsenen angewiesen. Sie sind in ihrer Persönlichkeit noch nicht gefestigt und müssen lernen ihre Wünsche zu äußern. Dies kann zu Konflikten führen, wenn diese Wünsche sich nicht mit denen der Erwachsenen decken. Sobald Erwachsene diese Abweichungen der Kinderwünsche von ihren eigenen als ›böse‹, ›unangemessen‹, ›unverschämt‹ zurückweisen, oder ganz einfach als ›nicht notwendig‹ oder nicht existent, und das Kind nicht ernst nehmen, wird seine gesunde Entwicklung schwer gestört. Es lernt, dass andere wichtiger sind als es selbst. Es wird sich als ›falsch‹ erleben, denn der Erwachsene hat immer recht. Dies hat zur Folge, dass das Vertrauen darin, dass die Erwachsenen mich gut versorgen werden und mich schützen, gestört ist. Geborgenheit wird nicht erlebt. Das Bild der Erwachsenen als vertrauenswürdig wird angegriffen oder je nach Situation auch ganz zerstört. Das Kind ist mit diesem Konflikt auf sich selbst zurückgeworfen und überfordert. Es muss sich selbst trösten, sich selbst helfen und ist diesen Anforderungen nicht gewachsen.«[28]

Die Folgen: Opfer von Übergriffen nehmen auch als Erwachsene ihre eigenen Bedürfnisse nur sehr eingeschränkt wahr.

Sie sind sehr empfänglich für – unausgesprochene – Wünsche der Mitmenschen. Ihre eigene Meinung vertreten sie nur sehr selten, sie sind allgemein misstrauisch in Beziehungen.

Sexuell missbrauchte Kinder geben sich in aller Regel selbst die Schuld am Missbrauch – auch noch als Erwachsene. Sie denken, sie seien von Grund auf so schlecht, dass die guten Eltern oder ein Elternteil keine andere Wahl hatten, als auf diese Weise mit ihnen umzugehen. *Ich habe die mächtigsten Menschen auf der Welt dazu gebracht, solch schreckliche Dinge mit mir zu tun. Also muss ich ein schrecklicher Mensch sein.*

Dieses Empfinden ist oft ein Grund, warum Aufarbeitung von sexueller Gewalt im Erwachsenenalter so schwierig ist. Das Denkmuster, das besagt *Meine Eltern (die Täter) sind gut, und ich bin schlecht. Mir geschieht es gerade recht, dass man mit mir so umgeht,* muss aufgebrochen und verändert werden.

Dieses selbstbeschuldigende Denkmuster führt dann oft zu schlechtem Verhalten, das Bestrafung nach sich ziehen muss: *Wenn ich Böses tue, dann macht es rückwirkend Sinn, dass ich so schlimm behandelt werde.*

Andere versuchen, sich möglichst angepasst zu verhalten.

Sie wollen:

- den Eltern alle Wünsche erfüllen,
- perfekt in der Schule sein,
- den Haushalt in Ordnung halten.

Damit ist die Hoffnung verbunden, wenigstens auf diesem Weg Lob und Liebe zu erfahren und einen inneren Ausgleich zu dem Schlimmen erleben zu können.

Darum sind Opfer häufig auch sehr empfänglich für Trost und Liebeszuwendungen von Menschen außerhalb der Familie, oft auch von Fremden. Wenn sie sich diesen zuwenden, werden sie leider oft wieder Opfer von Missbrauch.

Man könnte es auch so beschreiben: Missbrauchte tragen eine unsichtbare Opfer-Markierung, die von potenziellen Tätern sofort erkannt und leider oft auch ausgenützt wird.

Ellen (Name geändert) war 5 Jahre alt, als sie zum ersten Mal von ihrem Vater sexuell missbraucht wurde. Mit Schlägen und Einschüchterungen machte der Vater sie gefügig, aber auch mit besonderen Liebeserweisen und Zuwendungen. Sie musste ihm Treue und Gehorsam beweisen. Auf diese Weise versuchte sie, die Gewalt zu mindern. Je braver sie sich verhielt – so dachte sie – desto weniger schlimm würde das Verhalten des Vaters sein. Doch das Gegenteil war der Fall. Oft drohte der Vater ihr auch mit dem Tod der Geschwister oder der Mutter, wenn sie ihm nicht gefügig wäre. Bis ins Alter von 15 Jahren wiederholte sich das mehrmals in der Woche. In ihrer gesamten Entwicklung war sie schwer beeinträchtigt. Sie hatte wenig Kontakt zu anderen Kindern, die Familie war sozial isoliert. Alle außerfamiliären Kontakte wurden vom Vater überwacht. Sie war sehr schüchtern und traute sich kaum etwas zu. In der Schule allerdings brachte sie gute Leistungen. In der Pubertät hatte sie Schwierigkeiten, ihre körperliche Entwicklung zu verstehen. Ihre Mutter war kränklich, lebte zurückgezogen und war für sie keine Hilfe. Heute weiß sie, dass diese selbst auch ein Missbrauchsopfer war und darum keinerlei Handhabe kannte, ihr zu helfen oder sie zu schützen. Mit 14 Jahren bekam sie vom Vater ein Kind. Auch dieses Kind wurde mit circa vier Jahren zum ersten Mal von ihrem Vater missbraucht. Ellen verließ sehr früh das Haus und heiratete. Die Ehe war nicht besonders glücklich. Zu sich und ihrem Körper konnte sie keine positive Beziehung aufbauen. Sie hasste sich und ihren Körper und oftmals fügte sie sich selber Wunden zu. Schmerzen und Wunden – das war ihr vertraut und vermittelte ihr ein Stück Heimat. Sie wurde nachts auch als erwachsene Frau immer wieder von Albträumen geplagt, in denen ihr Vater sie verfolgte, quälte und missbrauchte. Sie wachte dann auf und fand keinen Schlaf mehr.

Als ich sie kennenlernte, war sie ein zutiefst misstrauischer und sozial isolierter Mensch. Heute ist sie eine humorvolle und interessante Frau. Sie hat einen längeren Weg der inneren Heilung hinter sich. Sie spricht über ihre Erfahrungen, kann Menschen vertrauen, ist eingebunden in eine Gemeinschaft. Sie ist für mich ein Hoffnungsträger, weil sie die Botschaft ausstrahlt, dass Heilung auch nach schwerstem sexuellem Missbrauch möglich ist.

Vergewaltigung im Erwachsenenalter

Auch erwachsene Vergewaltigungsopfer erleben ihre Erinnerungen massiv bedrängend. Sie fühlen sich körperlich beschmutzt und entehrt. Oft haben sie das Gefühl, dass jeder ihnen ansieht, was gerade passiert ist. »Der Heimweg fühlte sich an wie ein Spießrutenlauf«, formulierte eine Frau. Die meisten haben danach körperliche Schmerzen und die Sehnsucht danach, die Tat abwaschen oder abschütteln zu können. Die Schmerzen danach erinnern ständig an das Geschehen. Dazu kommt möglicherweise die Angst vor Schwangerschaft. Manche haben auch das Gefühl, in irgendeiner Weise selbst daran schuld zu sein, den Täter provoziert oder herausgefordert zu haben. Häufig wird genau das den Frauen von den Tätern, Angehörigen oder sogar von Polizeibeamten oder Sozialberatern unterstellt. So wird das Opfer zum Täter gemacht und fühlt sich doppelt beschämt.

Aber auch wenn Polizeibeamte oder Psychologen Verständnis zeigen und Hilfe anbieten, kommt doch der Akt des Erzählens oft einer weiteren Vergewaltigung gleich. Das Geschehen wird wieder hervorgeholt, im Erzählen wird es ein weiteres Mal wahr, die damit verbundenen Gefühle kommen wieder zum Vorschein, das ganze Ausmaß wird noch stärker bewusst. Die

Opfer einer solchen Tat müssen für den DNA-Spuren-Beweis ihre Kleider bei der Polizei lassen und sich die Nägel abschneiden lassen. *Eine Frau formulierte es so: »Es war, als würde ich ein zweites Mal nackt ausgezogen.«*

Viele Frauen erleben Sexualität danach als beängstigend, beschämend oder bedrohlich. Es braucht einen längeren Weg der Heilung und viel Verständnis vom Ehemann, bis das sexuelle Zusammensein wieder als schön und entspannt erlebt werden kann. Ein wichtiger Schritt dabei ist, wieder ohne Angst und Scham erleben zu können, dass man nackt ist, sich auszieht oder den eigenen Körper spürt. *Eine betroffene Frau sagte: »Für mich war es wichtig, behutsam zusammen mit meinem Mann das Nacktsein erleben zu können, ohne gleich an Sexualität zu denken. Wir gingen oft miteinander schwimmen, machten einen Strandurlaub miteinander, duschten miteinander. Das alles half mir, meinen Körper wieder positiv wahrzunehmen.«* Auch gute Rituale, die Sicherheit vermitteln, können dabei helfen. Diese sind bei jeder Frau oder jedem Ehepaar anders. Es kann zum Beispiel gut sein, sich zu vergewissern, dass der Raum abgeschlossen oder das Telefon ausgesteckt ist. Entspannungstechniken wie Atemübungen oder Muskelentspannung nach Jacobson können eine weitere Möglichkeit der Absicherung sein. Hilfreich sind innere Gegenbilder. So könnte eine Möglichkeit sein, bei der Berührung bestimmter Körperstellen, die mit unangenehmer Erinnerung verbunden sind, positive Gegenbilder entstehen zu lassen, die dann auch gute Gefühle auslösen. Je öfter das geübt wird, desto leichter kann die negative Erfahrung überschrieben und dann auch gelöscht werden.

Einbrüche, Diebstähle, Überfälle

Auch das Erleben eines Einbruchs oder eines Diebstahls ist eine Verletzung und kann ein Trauma nach sich ziehen. Menschen fühlen sich in ihrer Intimsphäre verletzt, der persönliche Bereich wird beschmutzt oder unrein empfunden, das Gefühl von Heimat und Geborgenheit ist verloren gegangen. In den eigenen vier Wänden herrschen Unsicherheit und Angst. Fantasien, was noch alles hätte passieren können, nehmen Raum in den Gedanken ein. Manche wollen aufgrund eines solchen Erlebnisses aus dem bisherigen Umfeld ausziehen. Andere versuchen mit Reinigungsritualen oder Kontrollgängen wieder Ordnung in die Gefühle zu bringen. Wieder andere sichern sich durch Alarmanlagen oder neue Schlösser ab.

Dies alles ist auch richtig und wichtig. Man muss Rituale finden, um sich wieder sicher und zu Hause fühlen zu können. Die Intimsphäre muss neu geschaffen werden. Dies geht nicht von heute auf morgen, sondern braucht Zeit.

Noch schlimmer ist es, wenn man auf der Straße oder in den eigenen vier Wänden überfallen wird. Solche Erlebnisse können tief traumatisieren.

Wir sind als Familie selbst einmal in eine solche Situation geraten, in der ein geistig verwirrter Mann mitten in der Nacht in unser Haus eingedrungen ist und meinen Mann umbringen wollte, den er gar nicht persönlich kannte. Mein Mann war als Pfarrer für diesen Verwirrten, der kurz zuvor seine eigene Mutter ermordet hatte, die Projektionsfläche seines schlechten Gewissens.

Dass mein Mann und alle anderen aus der Familie überlebt haben, ist für uns ein Wunder, für das wir Gott bis heute dankbar sind. Und doch war das ganze Erlebnis ein schwerer Schock für alle aus der Familie, die es miterlebt haben. Es fühlte sich an, als wäre in die Seele ein Loch gerissen. Viele Alltagshandlungen kosteten mehr Kraft als sonst. Wir waren schreckhaft und emotional wenig belastbar. Nachts konnten wir nicht mehr ruhig schlafen, schreckten bei jedem kleinsten Geräusch zusammen. Immer wieder kamen die schrecklichen Erinnerungsbilder, sogenannte »Flashbacks«.

Es brauchte Zeit, bis dieses Trauma heilte. Und es brauchte positive innere Gegenbilder, die die Schreckensbilder nach und nach verblassen ließen.

Entführungen

Entführungsopfer sind immer traumatisiert. Sie sind hilflos der Bösartigkeit und der Gewaltbereitschaft der Täter ausgeliefert, sie werden gedemütigt, geschlagen, verletzt, gequält. Vielleicht müssen sie mit ansehen, wie Mitgefangene gefoltert oder getötet werden. Um in einer solchen Situation des Ausgeliefertseins psychisch überleben zu können, entwickeln viele Geiseln gegenüber ihren Geiselnehmern nicht nur Gefühle von Angst und Hass, wie man es in einer solchen Situation erwarten würde, sondern auch Gefühle von Verständnis und Solidarität, Zärtlichkeit oder sogar Liebe. Sie versuchen, mit den Tätern eine Beziehung aufzubauen. Dieses Verhalten ist bekannt als sogenanntes »Stockholm-Syndrom«. Der Name geht auf eine Geiselnahme 1973 in Stockholm zurück. Damals wurde eine Bank überfallen. Vier der Angestellten wurden als Geiseln genommen. Es folgten mehr als fünf Tage, in denen die Medien erstmals auch die Angst der Geiseln bei einer Geiselnahme illustrierten. Dabei zeigte sich, dass die Geiseln eine größere Angst vor der Polizei als vor ihren Geiselnehmern entwickelten.

Auch nach Beendigung der Geiselnahme empfanden die Geiseln keinen Hass auf die Geiselnehmer. Sie waren ihnen sogar dankbar dafür, freigelassen worden zu sein. Zudem baten die Geiseln um Gnade für die Täter und besuchten sie im Gefängnis.[29]

Für Außenstehende mag diese Reaktion auf den ersten Blick unverständlich erscheinen. Das Stockholm-Syndrom ist aber ein psychologischer Überlebensmechanismus. Die Opfer werden in einer Situation extremer Hilflosigkeit selbst aktiv und versuchen auf diese Weise, das Geschehen in irgendeiner Weise mit zu beeinflussen oder zum Positiven zu wenden oder dem Täter vielleicht sogar zu helfen, sein Verhalten zu ändern. Gelingt es nicht, fühlen sie sich oft mitschuldig an dem Ausgang des Geschehens.

Das Stockholm-Syndrom hat Ähnlichkeiten mit dem Erleben von Kindern in Gewalt-Familien. In der Ausweglosigkeit hilft nur die Unterstützung des Täters: *Ich gebe ihm recht, damit er nicht ganz so gewalttätig mit mir umgeht. Wenn ich nett bin, dann ist er zu mir vielleicht auch nett. Wenn andere unter den Eltern leiden müssen, bin ich mitschuldig.*

Unfälle oder Katastrophen

Wenn Menschen selbst schuldhaft einen Unfall verursachen, durch den andere Menschen zu Schaden kommen, kann dies das Leben tief belasten. Mit materiellen Schäden kann man leben. Wo aber Menschen betroffen sind, können die Schuldgefühle ins Übermächtige wachsen, sodass man seines Lebens nicht mehr froh wird und unter ständigen Selbstvorwürfen und Selbstbezichtigungen leidet. Manche Menschen fühlen sich mit einem tiefen Makel behaftet, so als trügen sie einen weithin lesbaren Stempel auf der Stirn mit der Aufschrift: *schuldig*. Sie fühlen sich nicht mehr würdig, weiterleben zu dürfen.

Aber auch das schuldlose Miterleben eines Unfalls kann verletzen und traumatisieren. Menschen, die bei Katastrophen oder Unfällen als Helfer machtlos zusehen müssen, wie Menschen sterben oder leiden, brauchen oft lange, bis sie mit den inneren Bildern fertig werden und das ganze Geschehen sie nicht mehr ständig in Gedanken und Gefühlen beherrscht.

Lokführer, die erleben, wie sich vor ihrem Zug ein Selbstmörder auf die Gleise stürzt, sind traumatisiert durch das Leid und den Tod, den sie mitansehen mussten. Sie leiden oft hinterher unter posttraumatischen Belastungsstörungen und fühlen sich mitschuldig an dem Leid, das sie nicht verhindern konnten. Solche Erfahrungen können das ganze Leben verändern.

Es gibt auch die sogenannte Überlebensschuld. Menschen fühlen sich schuldig, weil sie einen Unfall oder eine Katastrophe überlebt haben und andere sterben mussten. Sie fragen sich, ob sie den anderen nicht das Leid hätten ersparen können, wenn sie stattdessen gestorben wären.

2.

Reaktionen auf Verletzungen

Verletzungen rufen Reaktionen hervor. Diese sind von Mensch zu Mensch verschieden. Sie hängen aber auch von der Art der Verletzung und von dem Zeitpunkt im Leben ab, an dem sie stattfindet. Je jünger ein Mensch ist, desto schwerwiegender können sich Verletzungen auf das weitere Leben auswirken.

Wenn Menschen erleben, dass jemand plötzlich stirbt, oder wenn sie in einen Unfall geraten oder ihnen jemand aus heiterem Himmel die Freundschaft aufkündigt, dann sind sie geschockt, vielleicht sogar traumatisiert. Die meisten Mitmenschen reagieren darauf einfühlsam.

Wenn Menschen aber als Kind oder im jugendlichen Alter emotional verletzt oder traumatisiert wurden, dann nehmen sie eine Schutzhaltung ein, die sich ganz anders darstellt.

Im Folgenden möchte ich Reaktionen auf Verletzungen schildern, zunächst solche, die gesund und normal sind, im weiteren Verlauf dann die krank machenden, einengenden bis hin zu komplettem Verdrängen und Schweigen.

NORMALE REAKTIONEN

Schock

Wenn eine Veränderung schlagartig eintritt, zum Beispiel durch den plötzlichen Tod eines Menschen oder durch eine Naturkatastrophe, befinden sich Menschen in den ersten Stunden oder Tagen danach in einem Schockzustand.

Sie erleben die Welt wie hinter einer Glaswand. Sie sind nicht wirklich beteiligt, möglicherweise auch nicht fähig zu irgendwelchen Emotionen. Sie fühlen sich abgeschnitten von sich selbst. Manche erstarren im Schweigen, andere wiederum reden unaufhörlich oder haben Schrei- oder Weinkrämpfe. Solch ein Schockzustand löst sich normalerweise in wenigen Tagen auf. Sollte er anhalten, brauchen Menschen dringend professionelle Hilfe.

Verleugnung

Verletzungen und Krisen können starke Abwehrreaktionen auslösen. Wer will schon krank sein? Wer will schon einen Menschen verlieren? Wer will schon eine Beziehungskrise? Wer will schon materiellen Schaden? Dagegen wehrt sich die Seele. Darum sind die ersten Reaktionen negativ. Die Gefühle und das Herz kommen nicht mit: *Das kann nicht sein. Ich akzeptiere es nicht. Ich glaube es nicht.* Oder: *Ich gebe es nicht zu, dass ich in der Ehe Probleme habe.* Oder: *Ich vermeide das Thema Kinder, weil es mir zu peinlich ist, was diese machen.* Oder: *Ich will darüber jetzt nicht sprechen und lenke Gespräche auf ein anderes Thema oder breche sie ab.*

Verleugnung und Verdrängung sind im ersten Moment normal, aber auf Dauer nicht hilfreich, weil dadurch Verarbeitungsprozesse und Auseinandersetzungen nicht in Gang kommen können. Trauer wird verhindert. Das Thema rumort im Unterbewussten und kann merkwürdige Blüten treiben wie etwa plötzliche Gefühlsausbrüche, Lebensunlust, ständiger Bewegungsdrang, Schlaflosigkeit, Gereiztheit oder auch inneres Erstarren bis hin zur Verbitterung.

Manche Menschen entwickeln auch Vermeidungsstrategien: Sie fliehen aus der Umgebung, in der einen alles an das schreckliche Erlebnis oder an den Tod erinnern könnte. Bestimmte Orte sind tabu, Fotos werden weggesperrt. Das Reden wird vermieden, bis hin zu einem fluchtartigen Verlassen des vertrauten Umfelds, häufiges Verreisen oder Wegziehen aus der Umgebung. Anfänglich kann das Meiden der gewohnten Umgebung eine durchaus normale Reaktion sein, denn es hilft, das Geschehen erst langsam an sich heranzulassen. Wenn es aber zu einer totalen Verweigerung des Kontaktes mit bestimmten Orten oder Menschen führt, das Zimmer nie wieder betreten, das Grab nie besucht wird, dann ist dies Realitätsverdrängung. Nur wer sich bewusst der Tatsache des Verletztseins stellt, kann mit dem Geschehen so umgehen, dass es zu einer Integration des Verlustes kommt.

Wut und Aggression

Wut und Aggression sind eine sehr häufige Reaktion auf Verletzungen oder Krisen. Die Betroffenen ärgern sich maßlos über das, was passiert ist, zum Beispiel wenn durch eigene oder fremde Schuld hoher materieller Schaden entstanden ist. Oder auch wenn Menschen, die einem nahestehen, in ernsthafte Probleme geraten. Betroffene sind wütend und enttäuscht:

- wenn sie angelogen wurden.
- wenn Vertrauen missbraucht wurde.
- wenn ein Versprechen nicht gehalten wurde.
- wenn Kinder oder Eltern sich scheiden lassen.
- wenn ihnen Gewalt angetan wurde.
- wenn sie selbst unachtsam waren.
- wenn sie Schaden angerichtet haben.
- wenn sie versagt haben.

Wenn ein Mensch stirbt, vor allem wenn er sehr plötzlich stirbt, kann es auch sein, dass bei Hinterbliebenen große Wut auf diesen hochkommt: *Warum verlässt er/sie mich einfach so?* Oder: *Warum war er/sie so unvorsichtig? Warum hat er/sie nicht aufgepasst?*

Als ich die Nachricht erhielt, dass mein Vater überfahren worden war, war ich nicht wütend auf den Unfallverursacher, sondern auf meinen Vater: Warum tut er uns so etwas an? Warum lässt er sich einfach so von einem Auto überfahren?

Mir war im Kopf schon klar, dass diese Gefühle vollkommen unpassend und unangemessen waren. Aber gegen solche Gefühle kann man zuerst nichts machen. Es war die emotionale Reaktion auf das Leid, das mit diesem Unfall in unser Leben eingebrochen war.

Solche Reaktionen kennen viele – oft nach dem Tod eines Menschen. Gerade in den ersten Monaten, wenn der Schmerz oder Schock vergangen ist, kommen oft Frustration und Wut hoch. *Warum hast du mich allein gelassen? Jetzt muss ich alles alleine durchstehen. Du hast mir Leid verursacht.*

Solche Gedanken gibt es auch in solchen Situationen, in denen mit noch lebenden Menschen Leid in das Leben kommt. Wenn Kinder, Nachbarn oder Berufskollegen Probleme machen, kann die Wut auf diese eine sehr verständliche Reaktion sein.

Manche Menschen reagieren auch mit Wut und Zorn auf Gott. *Was ist das für ein Gott, der so etwas zulässt?* Oder: *Kann es Gott überhaupt geben, wenn so etwas auf der Welt geschieht?*

Wut und Aggression auf die Verursacher, die Verstorbenen oder auch auf Gott sind zunächst erlaubt und völlig normal. Das sind urmenschliche Reaktionen.

Wut auf Täter kann am Anfang sehr wichtig sein. Denn in dem Moment treten Menschen aus der Opferrolle heraus. Sie lassen die negativen Gefühle beim Täter und richten sie nicht mehr gegen sich selbst.

Auf Dauer ist Wut aber kein hilfreicher Lebensbegleiter. Denn daraus entstehen Bitterkeit, Unbarmherzigkeit, Sarkasmus, Gehässigkeit oder Gefühlskälte oder noch schlimmer: Rachefantasien, Gewaltausbrüche und Zerstörungswut.

Fluchtverhalten

Nach schlimmen Ereignissen stürzen sich manche in Arbeit, in übertriebene Sportaktivitäten, in irgendeine Form der Sucht, nur um nicht ständig an das Schwere denken zu müssen.

Beschäftigungen, Hobbys und sportliche Aktivitäten können natürlich hilfreich sein, denn sie geben dem Tag eine Struktur. Sie können zum Geländer werden, damit man sich nicht im Selbstmitleid oder in innerer Starre verliert. Aufgaben und Herausforderungen können eine Hilfe sein, sich nicht ständig nur um sich selbst und das Schwere zu drehen, sondern auch mit anderen und für andere etwas zu tun. Alle solche Aktivitäten dürfen aber nicht die Trauer und die Konfrontation mit dem, was die Krise ausgelöst hat, überdecken oder verhindern.

Angst

Eine Verletzung, ein Verlust kann auch Angst machen. *Was wird dieses Ereignis nun alles nach sich ziehen? Wie kann ich in Zukunft überhaupt weiterleben? Wie gehe ich mit der völlig veränderten Situation um? Komme ich damit zurecht?*

Die Zukunft steht möglicherweise wie eine dunkle Wand vor einem und beherrscht Denken und Emotionen vollkommen. Nichts kann einen mehr erfreuen, weil das Ereignis oder der Verlust mit seiner Bedrohlichkeit so übermächtig geworden ist.

Auch Angst ist zuerst mal völlig normal. Angst ist immer auch ein Hinweis auf eine Bedrohung, die angeschaut werden muss. Aber auch hier gilt: Die Angst ist nicht die Lösung, sondern ein Übergangsstadium.

Rückzug

Menschen in Krisen sind oft einsam. Nach der Beerdigung eines Angehörigen oder nach einem Trauma kommt es oft zu einem Zusammenbruch: Sie fühlen sich »mitgestorben« oder gelähmt, werden apathisch. Sie ziehen sich zurück von der Öffentlichkeit. Sie vermeiden den Kontakt mit anderen Menschen. Sie fliehen aus der Gemeinschaft, damit sie nicht gefragt werden und reden müssen. Oder damit sie nicht die Erfahrung machen müssen, dass andere Menschen sie meiden.

Eine Frau erzählte: »Nachdem ich meinen Mann verloren hatte, geschah es immer wieder, dass Menschen die Straßenseite wechselten, wenn sie mich kommen sahen. So vermieden sie den Kontakt mit mir. Sie hatten Angst, mit mir reden zu müssen.«

Eine andere: »Manche Menschen benahmen sich so, als sei der Tod eine ansteckende Krankheit. Sie wollten keine Nähe zu mir. Ich fühlte mich wie eine Aussätzige.«

Menschen, die Leid tragen, erinnern andere daran, wie gefährdet das Leben ist und wie schnell es vorbei sein kann. Wenn andere also nicht ständig an den eigenen Tod oder mögliche Gefahren erinnert werden wollen, gehen sie deswegen oft den Leidtragenden aus dem Weg.

Um sich solchen schmerzlichen Erfahrungen nicht ständig aussetzen zu müssen, vermeiden Krisengeschüttelte oft den Kontakt mit anderen. Jede Begegnung mit anderen Menschen wird zu einer ungeheuren Kraftanstrengung – ob im Gottesdienst, beim Einkaufen oder beim Spazierengehen. Jedes Mal, wenn sie angesprochen werden und darüber reden müssen, werden wieder Erinnerungen geweckt, die die Trauer oder Angst nur noch verschlimmern. Das Gefühl verstärkt sich, den Schmerz nicht aushalten zu können, davon überrollt und fortgeschwemmt zu werden. Deshalb bleiben viele lieber zu Hause.

An diesem Punkt fangen oft schon die Missverständnisse an. Da werden dann Vorhaltungen gemacht von Menschen aus der Gemeinde oder dem nachbarschaftlichen Umfeld: *Du ziehst dich zu sehr zurück.* Oder: *Du brauchst doch die Gemeinschaft.* Oder: *Keiner kann Christ sein ohne Gemeinde.* Oder: *Du konzentrierst dich zu sehr auf deinen Schmerz – das ist egoistisch.* Oder: *Christen verlieren die Hoffnung nie.* Das alles ist nicht einfühlsam und hilfreich.

Der Rückzug wird oft nicht verstanden oder löst ernsthafte Sorgen bei Mitmenschen aus, ob der- oder diejenige wohl noch normal ist.

Doch Rückzug ist notwendig. Er gibt einen Schutzraum, den die Seele braucht, um mit dem Geschehen und den damit verbundenen Veränderungen zurechtzukommen.

Trauernde oder Menschen in anderweitigen Umbruchsituationen wollen nicht ständig nach ihrem Ergehen gefragt werden. Sie müssten sonst immer wieder dasselbe erzählen und würden sich am liebsten ein Schild um den Hals hängen, auf dem alle wichtigen Informationen zu lesen sind.

Es ist sicher nicht einfach, mit Krisengeschüttelten richtig umzugehen. Oft wissen diese selbst nicht, was ihnen jetzt gerade guttut – schweigen können oder reden dürfen. In solchen Zeiten darf man sich bewusst Zeiten des Alleinseins zugestehen.

Alles andere ist oft zu anstrengend und oberflächlich, zu laut und zu wenig rücksichtsvoll.

Zeiten der Einsamkeit sind gut, wenn sie nicht zur Dauerhaltung werden. Es muss ein guter Wechsel entstehen zwischen Rückzug und Gemeinschaft.

Wer aber das Schneckenhaus auf Dauer zum Lebensmuster macht, verschließt sich neuen Erfahrungen und Aufbrüchen.

Selbstabwertung

Nach Verletzungen oder Verlusten besteht bei den Betroffenen die Gefahr der Selbstabwertung oder Selbstentwürdigung. Nach dem Verlust eines Menschen kann das heißen: *Ohne diesen Menschen hat mein Leben keinen Sinn mehr.*

Bei gesundheitlicher Beeinträchtigung ziehen manche den Schluss: *Ohne diese Fähigkeit ist mein Leben wertlos.* Vordergründig mag dies zunächst völlig richtig erscheinen. Die Gefahr besteht aber darin, die eigene Wertigkeit und auch die persönliche Würde an das zu binden, was man verloren hat. Und dann verliert man sich im Gefühl der Wertlosigkeit oder »badet« sogar darin. Das kann dann auch zur Verbitterung, Verhärtung oder zu Selbstmitleid führen.

Selbstmitleid

Selbstmitleid kann ein weiterer typischer Abwehrmechanismus sein: *Ich armer Mensch, was ich alles erleiden und erdulden muss!* Dies kann sich zu einem Gefühl der Wertlosigkeit steigern. *Wenn Gott so etwas mit mir geschehen lässt, dann kann ich ihm nicht sehr wichtig sein. Gott hat mich vergessen.*

Selbstmitleid ist eine einerseits verständliche, andererseits gefährliche Reaktion. Denn das Selbstmitleid dient nach einiger Zeit dazu, sich damit in den Mittelpunkt zu rücken oder andere Menschen von sich abhängig zu machen. Vor allem am Anfang des Trauerprozesses, wenn alle Menschen einem mit Mitleid oder Neugier begegnen, könnte es sich zu einem Mechanismus entwickeln, sich mit Selbstmitleid in Szene zu setzen. *Wenn ihr euch nicht um mich kümmert, geht es mir noch schlechter.* Oder: *Weil ihr euch nicht mit mir beschäftigt oder mich nicht besucht, fühle ich mich vom Leben abgeschnitten.* Oder: *Niemand fragt nach mir.* Auf diese Weise werden andere emotional erpresst.[30] Die Folge sind entweder Einsamkeit, weil andere Menschen bei diesen Spielchen nicht mitmachen und sich zurückziehen, oder falsche Machtausübung über andere Menschen. Mit dem Selbstmitleid kann man sich andere gefügig machen und sie beherrschen. Selbstmitleid verhindert das wirkliche Trauern und ist somit eine nicht hilfreiche Schutzmauer vor dem Schmerz.

In der Bibel gibt es eine interessante Geschichte, die diesen Aspekt noch genauer beleuchtet. Sie berichtet von einem Kranken am Teich Bethesda in Jerusalem (Johannes 5). Der Kranke hatte sich eingerichtet in der Opferrolle und im Selbstmitleid »Ich habe keinen Menschen« (V 7). Deswegen stellt Jesus ihm eine zunächst etwas seltsam anmutende Frage: »Willst du gesund werden?« (V 6). Na klar, denken wir. Wieso fragt Jesus so? Jeder, der krank ist, will doch gesund werden, oder? Aber genau das ist eben oft nicht so. Manche richten sich auch gut in ihrer Krankheit ein. Sie ziehen Gewinn aus der Krankheit: Aufmerksamkeit, Mitleid, Unterstützung. Diese Haltung durchschaut Jesus bei dem Kranken und fragt deswegen genau so. Jesus heilt ihn dann, gibt ihm den Auftrag, sein altes System zu beenden, seine Schlafmatte, auf der er 38 Jahre verbracht hat, zusammenzurollen und etwas Neues zu beginnen. Wenn wir nun diese Geschichte weiterlesen, werden wir feststellen, dass der Geheilte in seinem »alten« System von Opfermentalität und Fremdbeschuldigung stecken bleibt. Er weist jede Verantwortung von sich, als er von den Juden zur Rede gestellt wird, weil er an einem Sabbat sein Bett trägt. Als er erfährt, wer ihn gesund gemacht hat (V 11), »petzt« er bei den Juden und beschuldigt Jesus dafür, dass er sein Bett tragen musste (V 15). Er hat durch seine Heilung nicht dazugelernt. Er bleibt in dem System, andere für sein Verhalten verantwortlich zu machen.

Alle bisher genannten Reaktionen sind zunächst normal; doch sobald daraus ein Lebensmuster entsteht und sich diese Reaktionen verhärten, werden sie für die Betroffenen gefährlich. Denn nur, wenn wir Unsicherheit, Trauer, Klage und Versöhnung zulassen, wird dadurch auch Raum geschaffen für neue Entwicklungen und persönliches Wachstum in unserem Leben.

SCHWEIGEN – VERDRÄNGUNG

Nach einer Verletzung zu schweigen, ist eine Reaktion, die Menschen dann wählen, wenn sie davon ausgehen, dass ihre Mitmenschen ihnen nicht glauben wollen oder können. Gerade sexuell missbrauchte Frauen, aber auch Opfer von Gewalt, Gemeinheit oder Willkür machen häufig solche Erfahrungen.

Darüber zu reden, könnte gefährlich werden und den oder die Täter zu weiteren Gewalttaten provozieren. Darum wird aus Angst vor noch Schlimmerem lieber geschwiegen.

Neben dem bewussten Verschweigen gibt es aber auch die Verdrängung. Menschen schweigen, weil sie nichts mehr wissen von dem, was ihnen passiert ist. Sie spüren selbst nur, dass irgendetwas mit ihnen nicht stimmt.

Das schlimme Erleben, die Geschichte des traumatischen Ereignisses taucht dann nicht als Erzählung, sondern als Symptom auf.

Je früher die Traumatisierung passiert ist, desto eher wird der Rückzug, die Opferrolle, die Inaktivität zum Lebensmuster.

Weil nicht mehr darüber geredet werden kann, aber die Macht der Verletzung im Untergrund der Seele weiterwirkt, wirkt das Leben traumatisierter Menschen auf andere oft stark reduziert und eingeschränkt. So Verletzte haben oft einen zurückgezogenen oder sehr aggressiven Lebensstil. Oder sie zeigen ein ängstliches und unsicheres Lebensgefühl begleitet von Misstrauen, Scham und Angst anderen Menschen gegenüber.

Sich der Vergangenheit zu stellen und sich auf die Suche nach Heilung zu machen, kostet viel Kraft und kann Angst machen: *Was wird da hochkommen? Wer wird mir glauben? Wie geht das Leben danach weiter?*

Erst wenn das Schweigen gebrochen werden darf, bekommt das Geschehen einen Namen und dann auch einen neuen Rahmen. Das setzt dann langfristig auch kreative Energien frei.

Bis es so weit ist, kann dies aber ein längerer Weg sein. Denn die Verdrängungsmechanismen sind zuerst mal ein Schutz. Deswegen wissen manche Menschen nichts von ihren Traumatisierungen, sie spüren nur ein undefinierbares Gefühl von Anderssein oder Unfähigsein. Sie kommen ihren Verletzungen oft erst als Erwachsene auf die Spur und können dann den Dingen auf den Grund gehen.

Es gibt Anzeichen, die darauf schließen lassen, dass Lebenswunden oder Traumata verdrängt oder vergessen wurden. Wer eines oder mehrere der folgenden Symptome bei sich oder anderen beobachtet, kann davon ausgehen, dass es bei diesen Personen Heilungsbedarf gibt:

- Das Selbstwertgefühl ist gestört. Sie können Liebe und Lob nicht annehmen, sie sind sich ihrer selbst nicht sicher und fühlen sich auch nicht liebenswert.
- Sie haben dauernde Schuldgefühle und fühlen sich dauernd von anderen oder von sich selbst angeklagt.
- Sie tragen einen tiefen Selbsthass in sich. Dieser äußert sich in negativen Selbstbotschaften oder Selbstbeschimpfungen oder auch in einem Verhalten, das den Hass anderer Menschen auf sie zieht, damit ihr negatives Selbstgefühl sich bestätigt.
- Sie sind von einer inneren Unruhe getrieben, immer auf der Suche nach Sinn, nach Glück, nach Zufriedenheit, nach Sicherheit.
- Sie sind süchtig oder zeigen andere Formen von Zwangsverhalten wie Raffgier, Anhäufung von Dingen, Kontrollzwänge, Waschzwänge, Putzsucht.
- Sie neigen zu unkontrollierbaren Wutausbrüchen. Der Zorn bricht sich wie ein Vulkan Bahn und sie verlieren dabei häufig die Kontrolle über ihr Verhalten und zerstören in ihrer Wut Dinge oder greifen Menschen an.
- Sie leiden unter einer starken Empfindlichkeit, die sich dann oft in Aggressivität äußert. Jede kleinste Äußerung hören sie als Angriff und reagieren entsprechend darauf.
- Sie sind in permanenter Alarmbereitschaft, immer auf der Hut, sich vor Angriffen zu schützen oder die Flucht zu ergreifen.
- Sie leiden unter einem Gefühl von ständiger Ohnmacht, sie fühlen sich nicht souverän in ihrer Handlungsfähigkeit, sondern re-agieren nur.

- Sie strahlen es aus, Opfer zu sein, dem man schon viel aufgebürdet hat und es auch weiterhin tun wird.
- Sie leiden unter Angstzuständen bis hin zur generalisierten Angststörung. Alles, jeder Schritt, jede Entscheidung, jede Tat, das Leben an sich kann Angst machen.[31]
- Sie haben immer wiederkehrende Albträume, oft ohne deren Inhalt noch zu wissen. Sie wachen oft nachts davon auf oder können überhaupt nicht schlafen.
- Sie neigen zu Selbstverstümmelungen, wie zum Beispiel Ritzen an den Händen oder Füßen oder an den Geschlechtsorganen.
- Sie haben Schwierigkeiten, ihre eigenen Gefühle zu erkennen bis hin zu Gefühllosigkeit. Bei manchen ist die Taktilität, also das Berührungsempfinden, gestört, die Haut fühlt sich an wie Schmirgelpapier.
- Sie leiden unter immer wiederkehrenden Selbstmordgedanken oder -versuchen. Dahinter steckt manchmal auch der Gedanke: *Ich will die Menschen, die ich so sehr liebe, nicht ständig weiter verletzen und belasten und mache deswegen Schluss.*
- Sie können sich nicht an den ersten Geschlechtsverkehr erinnern, weil dieses Geschehen mit negativen Gefühlen oder Demütigungen einherging.
- Manche zeigen auch ausgeprägte depressive Symptome. Depressionen können ein Kennzeichen für verdrängte Gefühle, nicht erinnerte Verletzungen und nicht gelebte Trauer sein. Dann sucht sich die Seele einen »anderen Weg«, um die Trauer auszudrücken. Gefühle wie Ohnmacht, Schmerz, Wut oder Überforderung wurden ins Unbewusste zurückgedrängt und verursachten dort eine Art »gefühlsmäßige Verstopfung«.

- Sie haben keine Erinnerung an die Kindheit unter zehn Jahren – an einen Geburtstag, ein Weihnachtsfest, einen Urlaub oder an die Einschulung.

Die Unfähigkeit, sich an irgendein wichtiges Ereignis in der Kindheit oder Jugend zu erinnern, ist sehr gut zu erklären: Die Gefahr besteht, dass eine Erinnerung an etwas Schlimmes auch andere verletzende oder bedrängende Ereignisse im Schlepptau hat. Deswegen bleibt der Deckel der Erinnerungskiste lieber ganz zu.

3.

Heilung

Wer verletzt ist, braucht Heilung. Heilung kann ein längerer Weg sein. Sieben Schritte will ich dazu nennen. Für manche ist jeder einzelne Schritt wichtig und nötig. Andere brauchen die ersten drei Schritte nicht, weil sie sich erinnern, weil sie sich sicher fühlen und Heilung wollen. Andere machen die Erfahrung, sich an einem dieser sieben Schritte länger aufhalten zu müssen oder nochmals an einen Punkt zurückkehren zu wollen.

Menschen sind verschieden, weswegen auch die Schritte oder Wege zur Heilung ganz individuell verschieden sind. Manche haben das Gefühl: *Ich mache einen Schritt vor und einen zurück und doch ist es ein fortschreitender Heilungsprozess.*

Um sich auf den Weg zu machen, brauchen Menschen aber immer auch die Hoffnung darauf, dass es besser werden wird. »Hoffnung kann die Bereitschaft, sich mit Trauer und Schmerz auseinanderzusetzen, bzw. die innere Stärke, das zu tun, unterstützen.«[32]

JA ZUR HEILUNG

Innere Heilung braucht einen Anfangsschritt oder einen Anfangsentschluss. Dieser lautet: *Ich gebe zu, dass etwas nicht heil ist in meinem Leben. In meinem Leben sind wunde Punkte und Verletzungen, die ich erahne und die mein Leben belasten.* Andere sagen: *Es ist etwas Schlimmes passiert, aber ich will dabei nicht stehen bleiben. Ich will mich dadurch nicht unterkriegen lassen.* Oder auch: *Manches, was ich tue oder getan habe, ist nicht in Ordnung. Ich will etwas in meinem Leben ändern.*

Manche brauchen diesen ersten Schritt nicht, weil ihnen klar ist, dass sie verletzt sind. Sie reden davon oder wissen um die

Verletzung ihrer Seele. Es ist offensichtlich, dass ihnen Wunden geschlagen wurden oder dass sie zu Tätern geworden sind.

Aber nun gibt es auch Menschen, die ahnen, dass mit ihnen etwas nicht stimmt, dass da im Untergrund ihrer Seele etwas brodelt, und sie haben Angst, sich dem zu stellen. Sie spüren, dass eine Tiefenbohrung in ihrer Seele eine Erschütterung, ein Erdbeben, einen Tsunami auslösen könnte.

Sie haben sich eine Bewältigungsstrategie zurechtgelegt, mit der sie die gefährlichen Stellen umgehen können. Häufig zeigt sich diese Strategie auch in Vermeidungsverhalten: Alles, was erinnern könnte, alles, was verunsichern oder schmerzen könnte, wird vermieden. Und wenn etwas wehtut, reagieren solche Menschen oft mit Aggression, Wut, Ärger oder anderen oben beschriebenen Symptomen.

Darum ist für Menschen, die in der Kindheit verletzt oder traumatisiert wurden, dieser Schritt vielleicht fast der schwierigste, denn er ist mit Scham, Angst oder Demütigung verbunden.

Oft wurden sie mit Verboten vonseiten der Täter belegt: *Wehe du redest darüber!* Oder noch subtiler: *Wir haben uns doch lieb – du wirst mir doch nicht schaden wollen.*

Es kann auch eine unausgesprochene Botschaft sein, die sich in einer Atmosphäre von Fremdheit, Verboten oder Tabus zeigt.

Opfer (und Täter) müssen der Wirklichkeit ins Auge schauen, die sie bisher immer verdrängt haben. Sie wissen genau: *Danach kann ich und muss ich nicht mehr bleiben, wie ich bin.* Aber dieser Schritt kann aus ganz unterschiedlichen Gründen sehr schwer sein:

Den Nutzen der Verletzung entlarven

Möglicherweise profitieren Opfer ebenso wie Täter von ihrer Verdrängungsstrategie. Nicht-Wahrhaben, Nicht-Anschauen ist das vertraute System. Manche machen sich die daraus entwickelten Symptome wie Angst oder Empfindlichkeit, Verletzlichkeit oder Unsicherheit zunutze. Sie können andere Menschen damit dirigieren. *Ich kann das nicht,* lautet dann die Botschaft an andere Menschen. Oder auch: *Ich brauche dich, ohne dich wage ich mich nicht in diesen Raum oder in diese Veranstaltung.* Oder noch subtiler wird die Botschaft ausgesandt: *Mit diesen Themen will ich mich nicht auseinandersetzen, die Erinnerung ist zu schlimm* oder auch *Wenn ich an diesem Punkt heil würde, dann würdet ihr euch vielleicht nicht mehr um mich kümmern.*

Manche Menschen haben sich – natürlich unbewusst – gut eingerichtet in ihrem System von Verletzung und Selbstschutz. Sie halten den Kaktus fest gedrückt. Ihr Verhalten ist zunächst verständlich, aber auf Dauer nicht hilfreich. Menschen, die so empfinden, brauchen Hoffnung und Menschen, die ihnen Mut machen. Sie brauchen es, dass ihre Gefühle endlich ernst genommen werden, und sie brauchen eine Idee, wie es anders sein könnte. Sie brauchen einen Weg, der aus Sackgassen und schmalen Wegen herausführen kann.

Das Unrechtsystem durchschauen

Kinder geben zunächst mal immer ihren Eltern recht. Die Eltern sind die Bestimmer, die »über mir« stehen, die mich führen und leiten, die mir die Welt erklären, die mir zeigen, wie man in dieser Welt lebt. Wenn nun die Eltern negative Verhaltensmuster entwickelt haben, ist das auch deren Weg, ihr Kind in die Welt einzuführen.

Kinder geben der Art, wie die Eltern die Welt verstehen, recht. Sie kennen ja nichts anderes. Sie wissen auch emotional nichts anderes als das, was sie bei den Eltern erleben. Wenn zum Beispiel ein Vater sich immer als Opfer fühlt, weil er in der Kindheit entsprechende Erfahrungen gemacht hat, wird er sich – ohne innere Heilung – auch als Erwachsener immer erst mal aus der Opferperspektive erleben und entsprechend reagieren. Jede Kritik anderer Menschen hört er als Angriff. Darauf reagiert er entweder mit einem Gegenangriff oder mit Rückzug. Kinder, die das miterleben und ihren Eltern recht geben wollen, machen es dann ganz genauso. Sie stellen das Erklärungsmuster oder das System der Eltern wieder her. Die Erklärung der Welt durch das Verhalten des Vaters lautet also: *Achtung, hier bist du Opfer. Lass dir nichts anhängen* oder *Ich bin ja immer an allem Schuld. Die anderen sind mächtiger und besser, hier habe ich keine Chance.*

Ein Kind ist abhängig von den Eltern und kann sich offenen Hass oder Widerstand gegen seine Eltern nicht erlauben, sonst müsste es befürchten, den überlebenswichtigen Kontakt zu ihnen zu verlieren. Es würde die letzte Chance auf Liebe aufgeben. Im Erwachsenenalter ist diese Strategie oft weiterhin wirksam und möglicherweise zum inneren Selbstläufer geworden: *Sag ja nichts Negatives über deine Eltern.*

Den Zwiespalt verstehen

Ein Kind sehnt sich danach, die Eltern bewundern zu können. Auch wenn ein Kind erwachsen geworden ist, bleibt diese Sehnsucht. Darum machen es viele als Erwachsene genauso wie die Eltern: Sie leben wie diese, verstehen die Welt genauso, fühlen so. Würde er oder sie es anders machen, käme das einer Anklage oder Infragestellung gleich. Dann würden die Eltern entehrt oder beschämt werden. Dann wären sie ja »von schlechten Eltern«. War also zum Beispiel der Vater ein Missbrauchstäter, dann lernt der Sohn: *So geht das Mannsein. Du beweist deine Stärke, indem du Frauen demütigst.* Und die Tochter lernt: *Du musst dich unterwerfen, es ist der einzige Weg, ein bisschen Liebe zu bekommen.*

Viele geraten darum auf dem Weg der Aufarbeitung der eigenen Geschichte in einen Zwiespalt. Einerseits wollen sie Fehler, Lügen oder Verbrechen nicht mehr verschweigen, andererseits wollen sie weiterhin die Eltern bewundern und lieben.

Der Wahrheit ins Auge zu schauen, bedeutet darum, Unrecht zu benennen. Dies ist ein gewaltiger Umbruch, weil das bisherige Denken und Fühlen als falsch entlarvt wird. Zugleich aber ist es auch eine große Entlastung, weil die Decke des Schweigens gebrochen wird. Eine Frau sagte: *»Es war eine große Erleichterung, endlich zugeben zu können – auch vor mir selbst – dass mir Unrecht angetan wurde, dass ich missbraucht wurde und dass dies eben nicht recht war!«*

Die Therapeutin und Autorin Ille Ochs[33] *formuliert in einem Interview: Der Wandel bzw. die Kehrtwende in meinem Leben kam eindeutig mit dem Ja zum Missbrauch meines Vaters. Ich hatte ihn bis dahin immer in Schutz genommen. Mein Vater doch nicht! Er war doch so gut, von Gott geliebt, von Menschen geachtet. Die Schuld muss bei mir liegen. Es dauerte Jahrzehnte, bis ich die Schuld an ihn zurückgab, den Schuldigen für schuldig erklärte und mich endlich mir selbst ohne Vorbehalte zuwenden konnte. Erst dann konnte ich entdecken, dass es durchaus gesunde Anteile in mir gab, dass mein Lebenskampf, den ich bisher als falsch und unnormal gedeutet hatte, eine Ursache hatte, eine Ursache, die außerhalb von mir selbst lag.*[34]

Das Aufdecken der eigenen Geschichte, der emotionalen Verwicklungen und inneren Gefangenschaften ist selbstverständlich nicht nur für Missbrauchte ein schwerer Weg, sondern gilt für jede Form von emotionalen oder körperlichen Verletzungen.

Die falschen Aufträge zurückgeben

Ganz häufig erleben Kinder die emotionale Verwirrung der Eltern, die diese aus ihrer eigenen Lebensgeschichte mitbringen. Kinder wollen ihren Eltern helfen und sie glücklich machen. Deswegen übernehmen sie oft Aufgaben oder innere Aufträge, um die Eltern zu entlasten. Sie versuchen brav zu sein, um nicht zu stören. Sie wollen den Eltern Trost spenden, weil sie deren Heimatlosigkeit oder Angst spüren. Sie solidarisieren sich mit Vater oder Mutter, um diese in Schutz zu nehmen vor den negativen Emotionen des Ehepartners.

Aus diesem Versuch, den Eltern zu helfen, entwickelt sich dann oft ein innerer Lebensauftrag, der auch dann bestehen bleibt, wenn sie schon erwachsen geworden sind. Häufig lautet dann die Botschaft: *Nimm dich nicht so wichtig. Kümmere dich lieber um andere. Das ist richtig so.*

Dieser Lebensauftrag kann sich dann in Verhaltensmustern zeigen, die sich einem selbst zunächst nicht erschließen. Die Erlebniswelt der Eltern wird unbewusst wiederhergestellt.

Eine Frau erzählt: In meiner Ehe habe ich durch permanentes Nörgeln und Kritisieren meinen Mann dazu gebracht, dass ihm nichts anderes übrig blieb, als mit Wut zu reagieren. Eigentlich hat mich das dann auf der emotionalen Seite immer sehr zufrieden gemacht, wenn er wütend war. Aber vom Kopf her habe ich das nicht verstanden. Bis ich dann durch Beschäftigung mit meiner Lebensge-

schichte darauf kam, dass ich mit meinem Verhalten die Beziehung meiner Eltern nachgeahmt habe. Genauso war es früher zwischen meinen Eltern. Durch mein Verhalten habe ich rückwirkend meinem Vater helfen wollen, Gefühle zu zeigen und Grenzen zu setzen. Aber in der Auswirkung auf unsere Ehe war das natürlich fatal.

Oft suchen sich Frauen Männer, die sie an ihren Vater erinnern. Von dem erhoffen sie sich dann die Wertschätzung oder Geborgenheit, die sie vom Vater nie bekamen. Aber da der Mann nicht der Vater ist, wird dieses Ziel nicht erfüllt, und so bleiben Frustration und Wut übrig. Das Gleiche gilt natürlich auch umgekehrt für die Beziehung eines Mannes zu seiner Frau.

Die Reaktionen des Umfelds entmachten

Der Schritt, Heilung zu suchen und auf diesem Weg auch Unrecht zu benennen, kann aber nicht nur bei den Betroffenen, sondern auch im familiären oder gemeindlichen Umfeld auf gewaltigen Widerstand stoßen. Denn wenn ich das nach außen heile System in ein neues Licht rücke, wenn ich Tabus breche und Dunkles zum Vorschein hole, dann bin ich der Anlass für Entsetzen, für Beschämung, für Gerede.

Warnende Stimmen von innen und außen melden sich dann: *Wehe, du redest darüber. – Lass alles beim Alten. – Vorsicht, du wirst sonst wieder verletzt. – Mach uns keine Schande – Lass doch endlich die Vergangenheit ruhen. – Lohnt sich die Mühe überhaupt? Es geht doch auch so einigermaßen.*

Geschieht Missbrauch in einer Gemeinde, kommt dann noch Angst dazu, das Image der Führungspersönlichkeiten mit dem Aufdecken der Taten zu beschädigen: *Du wirst doch nicht den Ruf unserer Gemeinde beschmutzen* oder: *Sei dankbar für alles Gute, was du hier schon erlebt hast. Das andere musst du dafür halt in Kauf nehmen.*

Das bedeutet: Wer mit der Wahrheit ans Licht kommt, wird so zum wiederholten Mal zum Sündenbock gemacht.

Ille Ochs dazu: »Ein zusätzlich ganz wichtiger Schritt war es, auf der Beerdigung meines Vaters den Missbrauch anzusprechen, meine Sprachlosigkeit, unter der ich bis dahin so sehr gelitten hatte, zu überwinden und damit auch der Sprachlosigkeit der anderen Opfer entgegenzuwirken.«[35]

Eigene innere Widerstände loslassen

Auch in einem selbst kann dieser Schritt zunächst auf Widerstand stoßen. Wenn die alten Botschaften nicht mehr gelten und neue gelernt werden müssen, kann das Kommende völlig unvertraut und unsicher sein.

Was wird auf mich zukommen? Das Neue kenne ich nicht, ich betrete unbekanntes Territorium. Darum ist das auch wiederum beängstigend oder bedrohlich. Soll ich diesen Weg überhaupt gehen oder lieber in den alten bekannten Mustern bleiben? Diese sind zwar auch nicht gut, aber woher weiß ich, dass das Neue besser wird?

Auch Scham kann ein innerer Widerstand sein. *Wenn offenbar wird, was mir geschehen ist, wie stehen ich oder meine Familie dann da? Wie werden andere über mich denken?* Oder auch: *Was die Täter mit mir gemacht haben, ist mir so peinlich. Darüber will ich nicht nachdenken und schon gar nicht reden.* Darum: Der erste Schritt ist nicht leicht: Es braucht Mut, sich dem zu stellen, es wird Neues kommen, das Alte wird nicht mehr funktionieren, und das verunsichert.

Innere Stimmen oder Blockaden am Anfang eines solchen Weges sind normal. Sie machen auch deutlich: Niemand darf zu einem solchen Weg gezwungen werden. Manchmal kann es auch gut sein, erst mal eine Weile bei den Verboten stehen zu bleiben und sie genau anzuschauen. Sich auch zu fragen: *Haben diese Stimmen das Recht, mir den Weg zu versperren?* Oder auch: *Bin ich schon bereit, mich auf den Weg zu machen, oder muss ich noch warten?* Und: *Wohin kann ich mich flüchten, wenn der Weg scheinbar zu schlimm wird?*

Für solche Prozesse braucht es auch Menschen, die einen begleiten, an die Hand nehmen und helfen, sich immer wieder an sichere Orte zu begeben. In sozialer Isolation ist Heilung schwierig.

Aber es braucht auch die klare Entscheidung, selbst Verantwortung für sich zu übernehmen. Der erste Schritt bedeutet im weitesten Sinn auch: *Ich will kein Opfer mehr sein.*

Solch ein Entschluss kann sehr befreiend sein, denn in dem Moment wird das Ungesagte und bisher Verborgene entmachtet.

Eine Frau, die Opfer einer Vergewaltigung wurde, berichtete: »Eines Tages fasste ich den Entschluss, dem Täter zu vergeben. Es war eine reine Kopfsache. Mein Herz war noch nicht so weit. Aber ich wollte, dass Gott in mir diesen Prozess beginnt, dass auch meine Gefühle heil werden. Mir war klar, dass ich in Bitterkeit gefangen bleiben werde, wenn ich nicht vergebe. Das würde mich zerstören. Und das wollte ich nicht.«

- Selbstverständlich gibt es auch Menschen, die nicht in der Familie traumatisiert wurden, sondern in anderen Zusammenhängen. Auch diese müssen für sich den Entschluss fassen, ihre Verletzungen anzugehen und sich dem zu stellen, was verwundet ist. Auch diese müssen die Solidarisierung mit den Tätern aufgeben und bereit sein, Unrecht zu benennen. Sie dürfen den inneren Stimmen, die die Auseinandersetzung verbieten wollen, Einhalt gebieten und sich auf den Weg machen.

Und auch Täter, die aus ihrem bisherigen Verhalten aussteigen wollen, brauchen bei der Aufarbeitung ihrer eigenen Geschichte einen solchen Entschluss, sich auf den Weg zu machen. Mit »Tätern« sind hier nicht nur Missbrauchstäter gemeint, sondern auch solche, die andere Menschen durch ihr Verhalten geschädigt haben wie zum Beispiel Mord, Diebstahl, Ehebruch, Mobbing oder anderes destruktives Verhalten. Die Erkenntnis, etwas Falsches getan zu haben, ist häufig mit Scham oder Demütigung verbunden. Der Entschluss, aus den bisherigen Mustern auszusteigen, kostet Mut. Der Gewinn muss höher sein als der Verlust. Meistens sind es die Sehnsucht nach Frieden, Vergebung, neuen Lebensinhalten oder die Erkenntnis, auf falschen Pfaden unterwegs zu sein, die dann den Anstoß dafür geben, sich auf den Weg zu machen.

Der erste Schritt ist dann entweder eine Selbstanzeige oder ein Bekenntnis gegenüber den Geschädigten oder eine ehrliche Bitte um Vergebung. Klare Verhältnisse schaffen ist wie ein Offenbarungseid. Das kann sehr entlastend sein. Denn alle bisherigen Schutzmechanismen fallen dann wie ein Kartenhaus zusammen und es wird Energie frei für Neues.

Solch einen Entschluss, sich aufzumachen, sehen wir auch im Gleichnis vom Verlorenen Sohn (Lukas 15), das Jesus erzählt.

Der zweite Sohn der Familie hatte andere verletzt, den Vater, die Familie, die Gottesbeziehung und auch sich selbst, indem er seine Herkunftsgeschichte verleugnet hat. Er hat sich verabschiedet von der Familientradition, den Vater für tot erklärt und ist schlussendlich im Dreck des Schweinestalles gelandet. Tiefer konnte er nicht fallen. Denn er verunreinigte sich damit und konnte keinen Kontakt zu anderen Juden mehr haben. Alle vorherigen Möglichkeiten der Lebensgestaltung waren ihm genommen, alle Ideale zerbrochen. Er hatte sein gesamtes Vermögen verspielt. Am Schluss blieben ihm nur noch Hunger, Armut, Verwahrlosung und Scham. Er ging in sich, bereute zutiefst und trauerte um das, was er verloren hatte: seine Heimat, seinen Vater, seine Gottesbeziehung, seine Möglichkeit zu einem würdevollen Leben. Er beschloss umzukehren in dem Wissen darum, dass er die Würde der Sohnschaft für immer verspielt hatte. Die einzige Möglichkeit der Wiedergutmachung sah er in der Arbeit als Sklave bei seinem Vater.

In der Geschichte heißt es ausdrücklich: »Ich will mich aufmachen.«[36] Der Sohn fasst den Entschluss, dem bisherigen Drama und persönlichen Elend ein Ende zu setzen.

Auf dem Heimweg geschieht das Unglaubliche: Er wird vom Vater schon von Weitem entdeckt. Den Vater jammert es beim Anblick seines Sohnes. Der Schmerz sticht ihn tief in seiner Seele. Statt sich in Verachtung von dem stinkenden, verlumpten Sohn abzuwenden, läuft er ihm entgegen und umarmt ihn. Was für ein Erbarmen, was für ein Trost!

Der Sohn bekennt vor dem Vater und vor Gott seine Schuld. Zugleich steht er zu den Konsequenzen seines Handelns: »Ich bin es nicht mehr wert, dein Sohn zu heißen.«[37] Doch er hört die neue Botschaft des Vaters: »Dieser ist und bleibt mein Kind!«

Er wird vom Vater neu eingekleidet, bekommt einen Ring als äußeres Zeichen dafür, dass er wieder als Sohn angenommen ist und aufgewertet wird. Damit macht der Vater seine Vergebung sichtbar. Er schenkt ihm nach Scham und Verachtung eine ganz neue Würde. Er muss sich die Vergebung nicht erarbeiten, sondern er bekommt sie umsonst, aus dem Erbarmen des Vaters.

Der Vater gibt seiner Freude über den wiedergefundenen Sohn Ausdruck, indem er ein Fest feiern lässt. Für den Sohn ist das ein völliger Neubeginn nach Elend, Verzweiflung, Beschämung und Schuld.

EIN SICHERER ORT

Menschen, die Heilung suchen, brauchen Sicherheit. Sie brauchen einen Ausgangspunkt oder einen Ausgangsort, von dem aus sie sich den verschiedenen verletzenden Erfahrungen und Gefühlen stellen können.

Solche Sicherheiten können anfänglich andere Menschen sein, Ehepartner, Seelsorger, Freunde, also Menschen, die einem vermitteln: *Egal, was du erzählst, ich glaube dir. Egal, was hochkommt, ich stehe zu dir. Egal, was du fühlst, ich halte zu dir, ich halte dich.*

Solche Sicherheiten können und müssen dann aber auch zu inneren sicheren Orten werden. Auf Dauer kann kein Mensch dem anderen endgültige Sicherheit bieten. Damit wäre jede Beziehung überfordert und überfrachtet.

Und es würde die Opfer auf Dauer entmündigen und in falsche Abhängigkeiten bringen. Das Ziel von Heilung ist immer, das eigene Leben wieder selbst gestalten und verantworten zu können, Selbstsicherheit und Würde zurückzugewinnen und neu zu entdecken.

Gut zu sich selbst sein

Innere Sicherheit zu gewinnen, bedeutet, mit sich selbst gut umgehen zu lernen. Entdecken, was schön ist im eigenen Leben, am eigenen Körper, in den eigenen Gedanken und Gefühlen. Auch Traumatisierte haben gesunde Anteile, die gestärkt und ausgebaut werden dürfen. Auf diese Weise können Traumatisierte oder Verletzte eine gute Ausgangsbasis für sich entdecken, von der aus sie ihre Lebensgeschichte mit all den Verletzungen anschauen und sich damit auseinandersetzen können.

Menschen, die sich auf einen Heilungsweg begeben, sollten immer selbst bestimmen, wie weit sie in der Auseinandersetzung mit der Vergangenheit gehen können und wollen, was sie anschauen wollen und was noch nicht. Sie dürfen nicht von Therapeuten oder Beratern zu irgendwelchen Schritten gezwungen werden, zu denen sie noch nicht bereit sind. Diese Selbstverantwortung und Selbstbestimmung in einem Heilungsprozess ist sehr wichtig und ein Zeichen von Würde und Wertschätzung.

Zum guten Umgang mit sich selbst gehört es auch, sich selbst besser zu verstehen. Für Traumatisierte kann es sehr hilfreich sein zu wissen, was eine PTBS (Posttraumatische Belastungsstörung) ist und wie sie sich körperlich und psychisch auswirkt. Denn dadurch verstehen sie besser, warum sie in manchen Situationen überreagieren oder für andere oder sich selbst unverständliche Verhaltensmuster zeigen wie Schreckhaftigkeit, Übererregung, aber auch Misstrauen und Scham.

Zu diesem Verstehen gehört auch die Gewissheit, dass der Schreck oder die Verunsicherung nicht auf Dauer bleiben werden, sondern wieder vorbeigehen und dass das Ziel eines solchen Prozesses eine neue innere Stabilität sein wird, die ein besseres Lebensgefühl mit sich bringt.

Äußere und innere Sicherheit

In diesem Prozess ist es weiterhin wichtig, sich sicher fühlen zu können. Dazu gehört zum einen die äußere Sicherheit. Das bedeutet:

- *Ich kann sicher sein, dass mir der oder die Täter jetzt nicht begegnen und schaden können.* Gerade für Frauen, die un-

ter gewalttätigen Männern leiden, oder Kinder, die unter einem übergriffigen Täter zu leiden hatten, brauchen die Gewissheit, dass dieser im jetzigen Umfeld nicht mehr auftauchen kann. Wenn das nicht gewährleistet ist, kann keine Aufarbeitung stattfinden.
- *Der Raum, in dem ich mich jetzt befinde, ist sicher. Niemand kommt ungebeten herein.* Manche Klienten müssen sich versichern, dass ein Raum auch mit einem Schlüssel abgeschlossen ist, um sich auf den inneren Weg machen zu können.
- *Auch zu Hause kann ich mir Sicherheit verschaffen.* Es gibt einen Raum, in den niemand hereinkommen kann und in dem ich sicher bin.

Neben der äußeren Sicherheit ist die innere Sicherheit genauso wichtig. Dazu gehört eine innere Vorstellung eines Raumes, in den nichts Störendes von außen hereinbrechen kann. Dieser Ort darf – auch in der Vorstellung – von niemandem unerlaubt betreten werden. Es ist ein Schutzraum für die Seele, in dem es einem gut gehen kann und darf. Diesen Ort kann man sich selbst einrichten.

Beispiel für die Gestaltung eines solchen inneren Raumes (nach Luise Reddemann):

- Ich gehe jetzt in der Vorstellung an diesen Ort.
- Dazu schließe ich – wenn möglich – die Augen.
- Dieser Ort kann auf dieser Erde sein, muss es aber nicht. Außerhalb der Erde – im Himmel – in der Vorstellung oder Fantasiewelt. Ich kann auch verschiedene bereits bekannte Orte in Gedanken zusammenmischen. Ich lasse innere Bilder für Räume aufkommen, in denen ich mich sicher und geborgen fühle.

- Was sehe ich? Ist es angenehm für die Augen? Wenn mir etwas nicht gefällt, dann verändere ich es. Ich kann alles so gestalten, wie ich es gerne hätte.
- Was höre ich? Ist es angenehm? Zu laut, zu leise, falsche Frequenz, falscher Rhythmus? Ich verändere alles so lange, bis es angenehm ist.
- Entspricht die Temperatur meinen Bedürfnissen? Wenn nicht, verändere ich sie.
- Sind die Gerüche angenehm? Wie riecht es dort? Ist es gut?
- Habe ich genügend Platz? Kann ich mich so bewegen, wie ich mich wohlfühle? Kann ich so sitzen, stehen, gehen, liegen, dass es für mich stimmig ist?
- Ich überprüfe den Ort so lange, bis alles richtig ist und passt.
- Zu diesem Ort habe nur ich Zugang. Vielleicht muss ich dem Ort auch noch eine Begrenzung geben. Eine Tür oder eine Mauer, eine Hecke, einen Wassergraben und vielleicht auch einen Verschlussmechanismus, damit niemand eintreten kann (eine Zugbrücke, ein Schloss, einen Riegel o. Ä.).
- Wenn ich mich umgeschaut habe und mich auskenne an diesem Ort, verlasse ich ihn wieder und verschließe ihn, sodass nur ich eintreten kann. Langsam komme ich wieder zurück in die Gegenwart, atme tief durch, recke und strecke mich und öffne die Augen.

Für manche ist die Beziehung zu Christus ein solcher Bereich, in dem sie unverletzlich sind. Oder sie wissen, dass Christus als Wächter vor dem Zutritt dieses Raumes steht. Auch dann kann dieser innere Raum mit guten und heilsamen Bildern ausgestaltet werden.

Interessanterweise nimmt das Adventslied von »Macht hoch die Tür« (EG 1) genau dieses Bild in der vierten Strophe auf: »Macht hoch die Tür, die Tor macht weit, euer Herz zum Tempel zubereit'. Die Zweiglein der Gottseligkeit steckt auf mit Andacht Lust und Freud, so kommt der König auch zu euch, ja Heil und Leben mit zugleich.« Dieses Lied zeigt, dass das Herz, die Seele, das Innere zum Anbetungsort werden soll, der ausgeschmückt wird. Wenn in uns gebetet und angebetet wird, dann ist das wie ein innerer guter Ort, an dem wir sicher sind.

Viele machen die Erfahrung, dass ihr persönlicher Gebetsort in seinem äußeren Erscheinungsbild zum inneren Ort wird, den sie als Bild in sich tragen. So können sie all die guten Erfahrungen, die sie mit Gott machen, mit in ihren Alltag nehmen und sich auch in Stress oder komplizierten Situationen innerlich dorthin zurückziehen.

Manche finden einen sicheren Ort in dem Bild, dass Gott trösten möchte wie eine Mutter. In der Bibel wird Gott an verschiedenen Stellen als eine Mutter beschrieben, die ihr Kind stillt oder in Schutz nimmt. »Ich will euch trösten, wie einen seine Mutter tröstet« (Jesaja 66,13). Oder »dass Menschenkinder unter dem Schatten deiner Flügel Zuflucht haben!« (Psalm 36,38). Gerade Menschen, die solchen Schutz nicht als Kindheitserfahrung kennen, können in solchen Worten heilsame Gegenbilder entstehen lassen, die ihnen Sicherheit geben. Das verletzte Kind darf auf dem Schoß des Erbarmens Gottes Platz nehmen und sich heilen lassen.

Interessanterweise berichtet auch die Bibel in den vielen therapeutischen Jesus-Begegnungen, aber auch in den Psalmen von solchen sicheren Orten. Eine Geschichte, die mich immer wieder neu beeindruckt, ist die Begegnung der Frau am Jakobsbrunnen mit Jesus (Johannes 4). Er verschafft dieser Frau einen Rahmen, in dem Sicherheit entstehen kann. Er spricht mit ihr allein, er geht auf sie zu, er begegnet ihr mit Wertschätzung. Die Frau wundert sich darüber, denn so etwas hat sie schon lange nicht mehr erlebt. Er gibt ihr ihre Würde zurück, sodass sie sich ihrer Verletzungsgeschichte stellen kann. Sie kann sich im Lauf des Gespräches öffnen und übernimmt am Schluss wieder selbst Verantwortung für sich, sie wird positiv initiativ und geht verändert aus dieser Begegnung hervor. Sie selbst beendet ihre soziale Isolation und integriert sich wieder in die Gemeinschaft.

Distanz zum verletzenden Geschehen

Für den Weg der Heilung ist es wichtig, dass Menschen in Erinnerungsprozessen stabil bleiben können, dass sie also nicht aufs Neue traumatisiert werden. Gelingt dies, kann alles, was hochkommt, neu benannt und neu integriert werden. Oder anders ausgedrückt: Dann können sie sich wieder an einen sicheren Ort zurückziehen, wo sie unverletzbar sind.

Luise Reddemann[38] hat dazu viele hilfreiche Techniken entwickelt und veröffentlicht.

Es gibt Möglichkeiten, wie man Distanz zu dem Geschehen entwickeln und somit Sicherheit finden kann:

- Es kann zum Beispiel hilfreich sein, sich in einem Erinnerungsprozess die verletzenden Geschichten der Vergangenheit auf einem Fernsehbildschirm vorzustellen. Die Erinnerungsbilder steuere ich mit einer Fernbedienung. Ich kann jederzeit an- und abschalten, ich behalte die Kontrolle über das Geschehen, ich kann vor- und zurückscrollen, heller oder dunkler, lauter oder leiser, langsamer oder schneller stellen.

- Bei Traumatisierten wird das Erzählen oder das Aufschreiben der Erinnerung als Therapie eingesetzt, denn dadurch wird das Ereignis zur Vergangenheit, bekommt einen abgeschlossenen Rahmen, und verliert dadurch seine bedrängende und beängstigende Wirkung.[39] Beim Schreiben oder Erzählen gewinnen sie Abstand und können das Geschehen als Teil der Vergangenheit und nicht mehr als Gegenwart betrachten. Dabei kann ein ganz einfacher Vorgang eine große Hilfe sein: Das Geschriebene wird zugeklappt und ganz bewusst, energisch und geräuschvoll eingeschlossen. Das Achten auf die Geräusche beim Zuschließen und das Verwahren des Schlüssels an einem anderen Ort machen deutlich, dass die Erinnerung nicht ständig präsent sein muss, sondern weggeschlossen werden kann.[40] Statt eines realen Ortes des Wegschließens kann man sich auch einen gedachten Ort schaffen, in den die Erinnerungen eingeschlossen werden können. Dazu braucht man ein Schloss oder einen anderen Schließmechanismus und der Schreiber allein hat die Schlüsselgewalt. Diesen erdachten Ort und den Schließmechanismus soll man sich ganz genau vorstellen, bis hin zu Größe, Material und Farbe, auch das Geräusch beim Auf- und Zuschließen.
- Eine weitere Möglichkeit, um Distanz und damit Sicherheit zu gewinnen, besteht darin, die Erinnerungen nicht in der Ich-Form, sondern in der 3. Person aufzuschreiben. Damit gewinnen Verletzte Distanz, sie betrachten das Geschehen sozusagen von außen.

JA ZUR ERINNERUNG

Auch diesen Schritt brauchen nicht alle, denn viele, die verletzt wurden, erinnern sich sehr gut.

Aber es gibt auch Erinnerungssperren. Da sind zum einen die emotionalen Sperren. Die äußern sich dann so: *Ich weiß zwar, dass ich geschlagen wurde, aber die damit verbundenen Gefühle kann ich nicht mehr wahrnehmen.* Man legt sich dann eine Rechtfertigung zurecht: *Sicher hatte ich es auch irgendwie verdient. Ich war halt faul oder ungehorsam.*

Viele Erwachsene finden es bis heute in Ordnung, sich nicht um die eigenen Gefühle und Bedürfnisse zu kümmern, weil sie das von klein auf so gelernt haben. Schmerzen, Hunger, Durst, Angst, Scham, Freude, Begeisterung und Neugier waren störend und sollten deshalb besser nicht geäußert werden. So gehen sie bis heute verleugnend mit ihren Wunden um und merken nicht, wie die Abspaltung der Gefühle sie auch anderen gegenüber als gefühlskalt oder distanziert erscheinen lässt. Die emotionale Erinnerung ist verdrängt.

Und dann gibt es auch die mentale Erinnerungssperre: Die Seele schützt sich, indem sie uns allzu schlimme Erlebnisse und Erfahrungen komplett vergessen oder besser verdrängen lässt – zum Schutz vor den Gefühlen der Trauer und des Schmerzes, des Entsetzens und der Hilflosigkeit.

Vieles von dem, was vergessen und verdrängt ist, würde Menschen umwerfen, wenn es ihnen schlagartig in der ganzen Brutalität bewusst würde. Darum hat unsere Seele Mechanismen entwickelt, uns solche Dinge ganz schnell wieder vergessen zu lassen.

Eine Frau erzählte von einem Erlebnis, das ihre Tochter mit ihrem Vater hatte. Der Vater hatte die Tochter in sexueller Absicht bedrängt und abends erzählte es die Tochter weinend ihrer Mutter. Die Mutter wusste nicht so recht, wie sie darauf reagieren sollte. Drei Tage später sprach die Mutter die Tochter nochmals auf dieses Erlebnis an, doch die Tochter wusste nichts mehr davon. Sie hatte es schon nach drei Tagen verdrängt, um das Schreckliche nicht wahrhaben zu müssen.

Solange schlimme Ereignisse verdrängt sind, haben sie Macht über uns durch unser Unterbewusstsein.

Erinnerungslücken können auch dazu führen, dass sexuell Missbrauchte wieder Täter heiraten, die dann die eigenen Töchter missbrauchen. Da solche Mütter nie gelernt haben, solchen Gewalterfahrungen Grenzen zu setzen, können sie auch den Missbrauch bei den Töchtern nicht stoppen oder möglicherweise nicht einmal wahrnehmen.

Emotionale Erinnerungslücken führen dann auch dazu, dass Erwachsene, die in der Kindheit geschlagen wurden, selbst auch schlagen nach dem Motto: *Mir hat es nicht geschadet, darum mache ich es auch bei dir.* Damit bin ich selbst weniger Opfer oder muss mich nicht als Opfer sehen.

Wer Heilung will, muss sich erinnern – nicht bis ins kleinste Detail, doch so, dass das Wesentliche wieder im Bewusstsein ist und die damit verbundenen Gefühle heil geworden sind. Ziel dieses Prozesses ist es, sagen zu können: *Das ist Teil meiner Geschichte, das gehört zu mir und meinem Leben dazu. So bin ich geworden, das habe ich erlebt. Aber heute stehe ich dennoch sicher im Leben.*

Die Verletzungen der Vergangenheit verlieren erst ihre Macht, wenn sie benannt und betrauert werden können. Dann können die verletzenden Erlebnisse so in die Lebensgeschichte eingeordnet werden, dass das Schreckliche nicht mehr beherrschen oder überwältigen muss.

Doch wie können Menschen erinnerungsfähig werden? Oft geht das nur in einem seelsorgerlichen oder therapeutischen Gespräch, in dem Begleiter Sicherheit vermitteln: »Ich habe keine Angst vor dem, was du mir Schlimmes erzählen wirst. Hier ist Raum, alles zu äußern.« Und auch: »Ich helfe dir, von einem sicheren Ort aus zu deinen Erinnerungen zurückzufinden.« Und: »Du hast Zeit, du darfst in deinem Tempo arbeiten.« – »Du musst niemandes Erwartungen mehr erfüllen, du darfst auf dich und deinen Körper hören.«

Träume

Träume können Lösungen bringen, nicht nur in therapeutischen Prozessen, sondern auch in alltäglichen Fragen, die uns beschäftigen.

In einem Heilungsprozess träumen Menschen oft sehr intensiv und wachen davon auch auf. In solchen Phasen ist es hilfreich, sich Notizblock und Stift neben dem Bett zu positionieren. Es ist ausreichend, das Thema des Traumes oder die Hauptfigur(en) oder das Hauptgefühl kurz aufzuschreiben – alles andere erschließt sich dann am nächsten Morgen wieder, aber ohne Aufschreiben ist die Erinnerung verloren.

Man kann auch trainieren, sich an Träume zu erinnern. Wer sich wirklich erinnern will, kann den Zwischenzustand zwischen Traum und Wachsein nutzen. In der Aufwachphase kann man dann nochmals bewusst in die Traumgeschichten einsteigen. Man kann den Traumbildern nochmals nachspüren und wird dann erleben, dass sie zurückkehren. Meistens gelingt es dann auch, sich die wesentlichen Inhalte nochmals zu vergegenwärtigen.

Dazu braucht es zweierlei:

- einen bewussten Entschluss, sich an die Träume erinnern zu wollen. Allein das Interesse an den eigenen Träumen hilft, sich am nächsten Morgen besser zu erinnern. Noch besser ist der Vorsatz vor dem Einschlafen, sich die Geschehnisse der Nacht zu merken. »In der Kognitionswissenschaft ist dieses Verfahren als ›Priming‹ bekannt: Das Gedächtnis wird auf ein bestimmtes Ziel programmiert. Der Moment des Erwachens eröffnet dann ein Fenster, durch das man auf die Erlebnisse im Schlaf zurückblicken kann.«[41]
- den Traum ernst nehmen. Träume sind meistens weniger verschlüsselt, als wir annehmen. Vor allem die mit dem Traum verbundenen Gefühle bringen am ehesten Klarheit in die Bedeutung des Traumes. War das vorherrschende Gefühl Angst, Eingesperrtsein, Liebe, Friede, Freude, Aufregung? In dem Zusammenhang kann es dann auch hilfreich sein zu fragen, mit welchen Personen diese Gefühle verbunden waren. Das erschließt dann möglicherweise auch die tiefere Bedeutung.

Träume offenbaren also die Leitmotive unseres Lebens und sie helfen uns, schmerzliche Motive zu verarbeiten.

Was aber, wenn Träume nicht schön, sondern erschreckend sind, sich vielleicht sogar als Albträume zeigen? Auch hier gibt es inzwischen hilfreiche Therapieansätze. Dabei geht es darum, im Wachzustand und bei klarem Bewusstsein sich andere, neue, schönere oder mächtigere Bilder vorzustellen als die Bilder des Schreckenstraums. Werden diese Bilder regelmäßig geübt beziehungsweise vor Augen gestellt, dann gelingt es auch im

Traum, die neuen Bilder gegen die alten zu setzen. Die neue Version übernimmt dann das Kommando im Traum und verjagt die Albträume. Der Wissenschaftsautor Stefan Klein berichtet in seinem Buch »Träume« von einer Frau, die aufgrund eines Sexualverbrechens unter posttraumatischen Belastungsstörungen litt, die sich unter anderem in Albträumen äußerten. Sie nahm an einer Studie der »Imagery Rehearsal Therapy« teil und probierte die neue Technik aus. Nach ein paar Wochen ließen ihre Albträume nach.[42] In dieser Studie berichteten unterschiedliche Teilnehmerinnen von ihren positiven Gegenbildern. Für die einen waren es Waffen, mit denen sie sich zu Wehr setzen, für andere schöne Orte, zu denen sie sich flüchten konnten und in denen sie geschützt waren vor den Verfolgern.

Orte und Bilder der Vergangenheit

In einem Heilungsprozess kann es ein wichtiger Moment sein, sich – eventuell mit dem Therapeuten oder Seelsorger zusammen – Kindheitsbilder aus alten Fotoalben anzuschauen.

Meistens entstehen dann auch die dazugehörigen Geschichten:

- Bei welchem Anlass wurde das Bild gemacht?
- Was ist passiert, bevor oder nachdem das Bild geknipst wurde?
- Was war räumlich neben, über, hinter, unter dem Bild?
- Wer steht direkt neben mir und warum?
- Wer ist nicht auf dem Bild?
- Wenn wir den Rahmen des Bildes erweitern würden, was wäre dann zu sehen?
- Was drückt die eigene Körperhaltung für ein Gefühl aus?
- Wer fühlt sich wie in dieser Situation?

Oft wird so der zeitliche, räumliche und emotionale Rahmen des Bildes erweitert und Erinnerungen kehren zurück.

Das Aufschreiben von Erinnerungen kann weitere Erinnerungen zurückbringen. Beim Schreiben wird das bisher in mir Verborgene sichtbar. Was vorher unwirklich erschien, wird mehr wahr, wenn es zu lesen ist. Gerade Missbrauchte zweifeln oft selbst an ihren Erinnerungen. Sie erscheinen zu unwahrscheinlich. Zusätzlich kommen dann noch die Verleugnungsstrategien der Täter oder Menschen im Umfeld dazu, die dann äußern: »Du hast eine blühende Fantasie. Was du dir alles ausdenkst!« Oder: »Ich wusste schon immer, dass du ein bisschen verrückt bist.« Oder: »Du gehörst wohl in die Psychiatrie.«

Auch das Zurückkehren an Orte der Vergangenheit wie eine frühere Wohnung, Freizeitorte oder Schule kann Erinnerungen zurückbringen. Meistens kommen dabei auch unangenehme und erschreckende Gefühle hoch. Deswegen ist es sinnvoll, solche Konfrontationen in Begleitung von Menschen zu erleben, die einem Sicherheit vermitteln und helfen können, wieder in die Gegenwart zurückzukehren. Den sicheren Ort[43] zu kennen und sich vergegenwärtigen zu können, ist eine unbedingte Voraussetzung für einen solchen Schritt. Ohne diese Sicherheit darf eine solche Konfrontation nicht gemacht werden, da es sonst zu Re-Traumatisierungen kommen kann.

Die Familiengeschichte

Gespräche mit Familienangehörigen erschließen möglicherweise ganz neue Bereiche der Vergangenheit. Alte Briefe oder Tagebücher von Angehörigen können beim Erinnern oder bei der Erweiterung des Wissens über die Familiengeschichte eine Hilfe sein.

Im Anschauen der Familiengeschichte werden manche auch Entdeckungen von Ähnlichkeiten mit ihrer aktuellen Situation machen.

Manches von dem, was scheinbar nur unsere eigene Geschichte oder unser Problem ist, stellt sich beim näheren Hinschauen als Thema in der Familiengeschichte heraus. Manche Probleme wie Gefühle, Gedanken oder Schmerzen sind gar nicht nur die eigenen Erfahrungen, sondern eine Wiederholung der Geschichten der Eltern oder Großeltern.

Anne erzählte mir, dass sie mit 37 Jahren starke Rückenschmerzen bekam. Sie war bei vielen Ärzten, aber keiner konnte ihr helfen. Sie war nun am Überlegen, ob sie sich operieren lassen sollte. Die Heilung war aber nicht garantiert und das Risiko hoch. Im Gespräch erzählte sie mir dann von einer schwierigen Kindheit und einem gewalttätigen Vater. Sie erinnerte sich an eine Szene, in der der Vater die Mutter mit dem Rücken gegen einen Stuhl schleuderte und diese dann tage- und wochenlang unter extremen Rückenschmerzen litt. Ich fragte sie dann, ob sie wisse, wie alt die Mutter wohl war, als das passierte. Sie überlegte und rechnete eine Weile, dann starrte sie mich entgeistert an und sagte: Sie war 37 Jahre alt. Also genauso alt wie Anne, als bei ihr die Schmerzen begannen. Ihre Rückenschmerzen waren also nicht körperlichen Ursprungs, sondern ein Wiederaufleben der schrecklichen Szene mit ihrer Mutter. Als ihr das bewusst wurde und sie anfing, das Schicksal ihrer Mutter zu betrauern und auch ihre eigenen schmerzhaften Erinnerungen zuzulassen und den Schmerz dann in Gedanken bei der Mutter zu lassen, verschwanden ihre Rückenschmerzen nach und nach.

Solche und ähnliche Geschichten erleben Menschen oft. Viele wissen gar nicht, warum sie gerade in einer so traurigen oder depressiven Phase sind. Beim Recherchieren in der Familiengeschichte stoßen sie dann möglicherweise auf die Ursachen und haben eine Erklärung dafür.

Ein Mann litt im Alter von 21 Jahren unter starken Panikattacken. Diese verschwanden nach einiger Zeit wieder von selbst. Bei der Rekonstruktion seiner Familiengeschichte stieß er darauf, dass sein Großvater als 21-Jähriger im Russlandfeldzug in eine lebensbedrohliche Situation geraten war.

Immer wieder entdecken Menschen in der Beschäftigung mit den Geschichten und Themen ihrer Vorfahren Parallelen. Auch Luise Reddemann beschreibt die Möglichkeit, dass »wir Belastungen, die (...) gar nicht die unseren sind , als solche erkennen und benennen und dieses Erbe bewusst nicht annehmen oder zumindest heute zurückweisen, ja gehen lassen.«[44]

Eine Frau litt unter einer depressiven Verstimmung bis hin zu Selbstmordgedanken. Die schwierigste Phase erlebte sie an einem Märzwochenende. Einige Monate später sprach sie mit ihrer Mutter über ihre Familiengeschichte. Diese erzählte ihr, dass datumsgenau an diesem Märzwochenende ihr Großvater sich mit 56 Jahren das Leben genommen hatte. Er war damals genauso alt wie die Frau, als sie die schwere depressive Verstimmung hatte.

Viele Menschen fragen sich, wie es möglich ist, dass die Geschichten der Vorfahren sich so auswirken. Die Bibel spricht von der Wirkung bis ins dritte und vierte Geschlecht[45] – also bis in die Enkel- oder Urenkelgeneration.

Das hat nichts mit mystischer oder okkulter Verwicklung zu tun, sondern mit weitergegebenen Erinnerungen, Reaktionen, Gefühlen und Deutungen.

Nehmen wir zur Erklärung das Beispiel des Selbstmordes des Urgroßvaters: *Selbstverständlich haben die Kinder dieses Mannes darunter gelitten. Am Todestag wird diese Erinnerung jeweils besonders präsent gewesen sein. Auch wenn nicht jedes Jahr darüber geredet wurde, gefühlt wurde auf jeden Fall an diesem Tag oder in den Wochen davor oder danach. Die Kinder dieser Kinder (also die Enkelkinder) haben das zu spüren bekommen. Kinder haben feinste Antennen für Gefühle und Wahrnehmungen der Eltern. Sie lernten also unausgesprochen die Botschaft: »im März ist es traurig« und gaben diese nonverbal wieder an ihre Kinder (die Urenkel) weiter.*

Eine weitere Botschaft, die der Urgroßvater an die nachfolgende Generation weitergab, war: Alles, was nach 56 Jahren kommt, lohnt sich nicht mehr. Danach gibt es keine Perspektive mehr, nur noch Tod.

Das bedeutet nun nicht, dass alle Urenkel dieses Mannes im März Selbstmordgedanken haben müssen. Jedes Kind nimmt anderes wahr und auf. Aber es erklärt, wie solch dramatische Ereignisse über die Generationen hinweg weitergetragen werden und auch noch in den Enkel- oder Urenkelgenerationen eine Wirkung entfalten können. Zwei seiner Kinder nahmen sich im höheren Lebensalter tatsächlich auch das Leben.

Oder nehmen wir das Beispiel der Frau mit den Rückenschmerzen. Ihre Schmerzen waren eine unbewusste Solidarisierung mit dem Leid der Mutter. Sie spürte dem Schmerz der Mutter körperlich nach. Sie wollte ihr vielleicht auch unbewusst eine Last abnehmen, indem sie die Rückenschmerzen »übernahm«. Auf diese Weise konnte sie ihr nahe sein und sie würdigen. Wichtig war aber auch der Entschluss, den Schmerz bei der Mutter zu lassen und nicht mehr weitertragen zu müssen.

Die Autorin Sabine Bode[46] hat sich in ihren Büchern intensiv damit auseinandergesetzt, wie die Kriegsgeschichte das deutsche Volk bis heute prägt, bis hin zu »German Angst«, Überregulierungen, Entscheidungsschwäche in der Politik, dem Lebensgefühl der heute 50-, 60- und 70-Jährigen.

Viele in dieser Generation können bis heute nicht auf ihre Gefühle hören. Sie erlauben sich nicht, etwas fast Kaputtes wegzuwerfen, denn »es könnte ja noch gebraucht werden«. Einen Teller halb voll in einem Restaurant zurückgehen lassen, ist für viele Menschen dieser Generation mit Schuldgefühlen verbunden, denn die Eltern oder Großeltern haben Hungersnöte oder auch den Hungertod von Geschwistern oder anderen Verwandten erlebt. Deswegen lautet die heimliche Botschaft: *So darf man nicht mit Lebensmitteln umgehen* oder auch: *Wir müssen nicht mehr hungern. Wir essen alles, was wir bekommen können.* Und viele übergehen oder missachten so die eigenen Bedürfnisse – wie zum Beispiel das Sättigungsgefühl – aufgrund dieser Verbote oder Aufforderungen, die auf ihnen liegen.

Viele Menschen dieser Generation haben keinen Mut, etwas Neues auszuprobieren, innovativ und mutig kreativ unterwegs zu sein. Die Scham und damit die Last, deutsch zu sein, ist für viele noch zu groß.[47]

Um solche Zusammenhänge zu erkennen und Erinnerungsprozesse einzuleiten, brauchen Menschen oft professionelle Hilfe. Zum einen kommt es einem selbst wahrscheinlich gar nicht in den Sinn, dass das eigene Leid mit der Lebensgeschichte der Vorfahren zu tun haben könnte.

Zum anderen kann es in einem solchen Prozess zu einer Re-Traumatisierung kommen. Es kann passieren, dass die Erinnerungen übermächtig zurückkehren und sich schlimmer als bei der ersten Traumatisierung manifestieren. Erinnerungen müssen so behutsam zugelassen werden, dass die Betroffenen immer wieder an ihren sicheren inneren Ort zurückkehren können. Sie müssen das Gefühl von Kontrolle behalten. Und sie brauchen Rituale oder Mechanismen, die ihnen helfen, sich gut in der Gegenwart zu verankern.

Hilfreich für die Erkenntnis von solchen Zusammenhängen kann auch eine gut geführte, von Christen geleitete Familienaufstellung sein.[48] Dabei werden bestimmte Situationen oder Themen mit Stellvertretern aufgestellt, um auf diesem Weg bestimmte Probleme oder Belastungen verstehen zu können und dann auch zu einer Lösung zu finden.

Das Erinnern ist oft ein langer und sehr mühevoller Prozess, der sich über Jahre hinziehen kann. Wenn Menschen dann aber erkennen, was mit ihnen geschehen ist, sind die ersten Gefühle oft Verleugnung: *Das kann nicht sein, dass mir das passiert ist.* Oder auch Beschönigen: *So schlimm wird es schon nicht gewesen sein.* Oder auch: *Na und wenn schon, ich habe es doch überlebt.* Genau solche Formulierungen bekommen Betroffene auch in ihrem Umfeld von Verwandten oder Freunden zu hören. Solche Rückmeldungen oder Selbstbotschaften sind nicht hilfreich, weil sie Wege zur Heilung verhindern.

Wird das ganze Ausmaß der Traumatisierung oder Verletzung aber bewusst, treten Abwehrmechanismen auf den Plan: Entsetzen, Scham, Aggression oder Wut.

> *Es ist besser, ich bete einen Rachepsalm, als einen gottlosen Hass in meinem Herzen zu tragen.*
> Adolf Schlatter

Es kann wichtig sein, Wut über all das, was da geschehen ist, zuzulassen. Allein schon das kann ein schwieriger Lernprozess und eine sehr wichtige Erfahrung sein. Denn die Wut macht deutlich, dass hier Unrecht geschehen ist. Wut bringt auch Energie, die für die Aufarbeitung hilfreich sein kann.

Wut lässt das Böse beim Täter und trägt es nicht selbst. Gerade bei Misshandlung oder Vergewaltigung ist die Wut darum auch sehr wichtig.

Eine Frau, die eine Vergewaltigung erlebt hatte, sagte: »Ich war danach so wütend wie noch nie in meinem Leben. Das hat mir auch geholfen. Denn die Wut ließ in mir den Entschluss reifen: Du wirst mein Leben nicht zerstören.« Mit dem »Du« meinte sie den Täter und seine Tat, aber auch die Macht des Bösen, die dahinterstand. Die Wut wurde für sie zum Motor, nach Heilung zu suchen und sich nicht zurückzuziehen oder in der Opferhaltung zu bleiben.

Darum – bei der Wut dürfen wir auf Dauer nicht stehen bleiben. Heilung geschieht, wenn wir die hinter der Wut verborgenen Gefühle entdecken: Schmerz, Klage und Trauer.

JA ZUR TRAUER

Zu den Gefühlen der Trauer und des Verlorenseins vorzudringen, ist der wichtigste und zugleich schwierigste Schritt im Heilungsprozess. Spätestens hier wehren sich viele Menschen gegen ihre Heilung.

Trauer zulassen

Aggression und Wut sind bekanntere Gefühle als Trauer und Schmerz. *Solange ich noch wütend und aggressiv bin, lasse ich den tiefsten Schmerz noch nicht an mich heran. In der Aggression bin ich noch selbst aktiv, ich beherrsche das Geschehen noch, wenn auch im Negativen. Aber wenn ich anfange zu trauern, dann bin ich hilflos und ohnmächtig, fühle mich verloren. Trauer tut viel mehr weh als Wut.* Aber Heilung geschieht nur über die Trauer.

Manche wehren sich auch gegen die Trauer, weil sie die Angst haben, dass sie damit den Tätern recht und Macht geben. Unter Umständen weigern sie sich, ihr Leid zuzugeben, damit – so denken sie – die Täter nicht den Sieg davontragen. Aber Trauer ist kein Akt der Unterwerfung unter den Täter, sondern ein Akt des Mutes, gegen das Unrecht aufzustehen, das einem angetan wurde. Wenn solche Menschen nicht trauern, bleiben sie von einem Teil ihrer Lebensgeschichte abgeschnitten und somit übt dieser Teil weiterhin Macht über sie aus. Wenn sie trauern, benennen sie auch das Leid und können es damit entmachten.

Manche wollen nicht trauern, weil sie nicht wissen, wie lange es dauern wird und ob es irgendwann ein Ende haben wird. Deswegen wehren sich viele Menschen dagegen. Sie haben Angst davor, »fortgeschwemmt« zu werden, sich zu verlieren, die Gefühle nicht mehr im Griff zu haben, und flüchten sich deswegen oft in die oben genannten Abwehrreaktionen.

Oder sie lassen den Schmerz in einem falsch verstandenen religiösen Glauben nicht an sich heran: *Ich habe einen starken Glauben, der mir in jeder Situation Halt gibt. Ich muss nicht trauern. Alles ist Gottes Führung und deswegen richtig so.*

Das ist vom Zielgedanken her nicht falsch, aber in dieser Situation nicht ehrlich und echt. Denn irgendwann tritt das Verdrängte unkontrolliert und mit aller Macht in Form von Depressionen, tagelangen Weinkrämpfen, Krankheit, Bitterkeit oder Hass gegen Gott hervor.

Ohne das Zulassen des Schmerzes geschieht keine Veränderung. Trauern setzt einen ganz wichtigen Prozess in Gang. »Augen, die geweint haben, sehen besser« lautet ein Sprichwort. Und das stimmt. Sie sehen andere Menschen, sich selbst, das Leben und auch Gott besser.

Trauern heilt

Wer Trauer zulässt, wird sehr schnell merken, wie gut es tut und dass die heilsame Wirkung des Trauerns viel gewichtiger wird als die anfängliche Angst davor.

Seelische Verwundungen heilen nur dann, wenn wir das Erlittene nochmals emotional durchleben. Das kann ein sehr schmerzhafter Prozess sein. Verletzte oder Traumatisierte spüren das genau und wehren sich auch deswegen oft gegen dieses Hineinsteigen in die Wunden.

Doch Trauern heilt.[49] Die Seele öffnet sich für die Wahrheit und für den Trost. Darum ist es hilfreich, auch Verletzungen der Gegenwart oder jüngsten Vergangenheit betrauern zu dürfen:

- Verluste von vertrauten Orten oder Gesundheit,
- verlorene Chancen oder Besitztümer,
- unerfüllte Sehnsucht nach bestimmten Gewohnheiten oder Menschen,
- eine schreckliche Vergangenheit,
- Scheitern oder Schuld.

Das alles ist schwer und tut weh. Aber die Trauer und Klage darüber heilt und entlastet.

Neue Sichtweisen durch Trauer

Zum Trauern gehört auch die Erkenntnis, dass einem Unrecht getan wurde. Im Trauern wird die Schuld bei den Tätern gelassen und muss nicht weiter vom Opfer getragen werden.

Vieles an Schwierigkeiten im Umgang mit sich selbst und anderen Menschen und auch manche körperlichen Beschwerden haben ihren Ursprung nicht in eigener Unfähigkeit oder Dummheit, sondern sind dem Missbrauch, der Verletzung oder Demütigung durch den Täter geschuldet. So geschieht also durch das Trauern eine Trennung zwischen Ich und Du, zwischen Opfer und Täter. Das kann sehr befreiend und entlastend sein.

Zum Trauern gehört auch das Eingeständnis, dass eine Abrechnung mit den Tätern selten möglich ist und dass die Geschichte nicht zurückgedreht werden kann in die Zeit, als noch alles in Ordnung war.

Was aber sehr hilfreich und heilend wirken kann, ist die Anklage gegenüber den Tätern. Wer laut ausspricht: »Mir wurde unrecht getan, es war nicht in Ordnung, was diese Menschen mit mir gemacht haben«, der erfährt Entlastung. Manche schreiben einen Brief, der nicht abgeschickt, aber laut vorgelesen und hinterher verbrannt oder beerdigt wird. Andere gestalten die Anklage in einem Bild oder einer Skulptur. Auf diese Weise wird auch Distanz zu dem Geschehen entwickelt: Ich stelle es vor mich hin oder spreche es laut aus und lasse es auf diese Weise nochmals anders oder zum ersten Mal wahr werden.

Trauern macht ehrlich

Viele Menschen haben solche Prozesse durchlebt und durchlitten. Auch die Bibel ist voll von Beispielen, wie Menschen trauern, klagen und anklagen. In den Klageliedern oder in den Psalmen finden sich immer wieder solche klagenden Fragen an Gott: »Herr, meine Seele ist sehr erschrocken. Ach du, Herr, wie lange!« (Psalm 6,4). »Vernimm mein Schreien« (Psalm 5,3). »Du siehst es doch, denn du schaust das Elend und den Jammer, es steht in deinen Händen« (Psalm 10,14). »Herr, wie lange willst du mich so ganz vergessen? Wie lange verbirgst du dein Antlitz vor mir? Wie lange soll ich sorgen in meiner Seele und mich ängsten in meinem Herzen täglich? Wie lange soll sich mein Feind über mich erheben? Schaue doch und erhöre mich, Herr, mein Gott« (Psalm 13,2-4).

So werden Leidtragende eingeladen, den Schmerz vor Gott auszubreiten, ihn herauszuschreien, zu sagen, wie es ihnen zumute ist und das Bedrängende damit auch loszuwerden. Manche getrauen sich das nicht. Sie denken, sie können nur beten, wenn es ihnen gut geht. Sie meinen, dass Gott ihr Leid nicht hören will. Aber das Gegenteil ist der Fall: Er will uns in jeder Situation auffangen. Wir dürfen die Klage zu Gott bringen und erfahren darin Entlastung unserer Seele. Er will das Zerbrochene heilen. Er umarmt uns in unserem Weinen. Heilung von Verletzungen geschieht immer auch übers Trauern und Weinen, indem wir mit unserem Schmerz vor Gott sind.

> *»Aus der Tiefe rufe ich, Herr, zu dir! Herr höre meine Stimme. Lass deine Ohren merken auf die Stimme meines Flehens.«*
> Psalm 130,1-2

Der Schmerz kann so wehtun, dass Menschen sich zeitweise zurückziehen müssen wie eine Schnecke in ihr Schneckenhaus, um weinen, schluchzen, zittern, schreien zu können. Durch solche Stunden der Trauer müssen Menschen alleine durch. Sie brauchen dafür einen Schutzraum und auch verständnisvolle Mitmenschen, die sie nicht dazu drängen, am nächsten Tag schon wieder stark zu sein und alles hinter sich zu lassen. Trauern braucht Zeit.

Zur Trauer gehören auch Phasen der Verzweiflung. Wir sehen das an den Berichten über Jesus. Er war verzweifelt in

Gethsemane und hatte große Angst vor dem Kommenden. Er wollte diesen Weg nicht gehen. Deswegen betet er: »Mein Vater, ist's möglich, so gehe dieser Kelch an mir vorüber« (Matthäus 26,39). Am Kreuz betet er den Sterbepsalm der Juden: »Mein Gott, mein Gott, warum hast du mich verlassen?« (Psalm 22,2). Am Grab des Lazarus weint Jesus um seinen gestorbenen Freund (Johannes 11, 35). Wo immer wir oder andere Menschen in Verzweiflung geraten und nicht weiter wissen, dürfen wir uns vergegenwärtigen, dass Jesus direkt neben uns steht und mit uns weint. In der Verzweiflung, in der Trauer, in der Einsamkeit, in der Dunkelheit steht er daneben und ist mitten drin. Er kennt diese Situationen, er weiß, wie sich das anfühlt. Auch wenn Trauerzeit eine einsame Zeit ist, sind wir darin nie allein.

In der Trauer kann das Aufschreiben von Gefühlen, Fragen und inneren Prozessen ein hilfreicher Markierungspunkt sein.

Einen Brief oder einen Aufsatz, ein Gedicht schreiben:

- an Menschen, die wir verloren haben;
- an Menschen, die uns Leid oder denen wir Leid zugefügt haben;
- an Täter, die uns geschadet haben;
- über ein Haus, in dem wir gewohnt haben;
- über einen Körperteil oder eine Körperfunktion, die wir verloren haben;
- über einen Weg, den wir nicht mehr gehen können.

Die schmerzlichen und unangenehmen Erinnerungen an Streit, Demütigungen, Missachtung, Fehler, Versagen und Schuld müssen zugelassen werden.

Aber auch die Erinnerungen an schöne Zeiten gehören dazu:

- an einen früheren Wohnort,
- an eine sinnvolle Arbeit,
- an Erlebnisse mit Menschen,
- an eine Tätigkeit, die glücklich machte,
- an Staunen über Wunder.

Solche Erinnerungen sind wie ein inneres Dankbarkeits-Album, das immer wieder aufgeschlagen werden kann. Dadurch wird sichtbar: Trotz aller Trauer gibt es in meinem Leben auch Gutes und Schönes.

HEILUNG UND TROST

Wenn Menschen trauern, kann Psalm 62,9 eine Hilfe sein. Dort steht: »Hoffet auf ihn allezeit, liebe Leute, schüttet euer Herz vor ihm aus; Gott ist unsre Zuversicht.«

Bei diesem Psalmwort steigt in mir immer das Bild eines Putzeimers auf. Wenn wir geputzt haben, haben wir am Schluss einen Eimer voller Schmutzwasser. Wer klug ist, lässt das nicht in der Wohnung stehen, sondern schüttet es aus. Dieser Akt des Ausschüttens kann auch auf unsere Seele übertragen werden. Wir dürfen unsere Tränen vor Gott ausschütten.

Wir dürfen unseren Schmerz zu ihm hinschütten. Wenn wir so den Seeleneimer vor Gott ausleeren, wird Raum für Neues. Ein leerer Eimer kann Neues aufnehmen, eine ausgekippte Seele kann sich mit Neuem füllen lassen.

> *Das ist der tiefste Segen des Leides, dass es Raum macht für Gott.*
> Dora Rappard

Im Trauern kommt auch Trost ins Leben. Trosterfahrungen sind bei jedem Menschen anders und ereignen sich oft ganz unerwartet: durch ein Gespräch oder einen Satz, einen schönen Anblick in der Natur oder Kunst, ein Gefühl der Geborgenheit, ein Wort der Bibel, eine Zusage von Vergebung, ein Erlebnis mit einem Menschen. Für Gottes Trösten gibt es keine Gesetze. Wenn aber unser Herz im Schmerz vor Gott geöffnet ist, kann auch sein Trost die tiefen Schichten unserer Seele erreichen.

Manche erleben gerade im Klagen und Leerwerden vor Gott, am Tiefpunkt des Schmerzes, dass sie Gottes Zusagen ganz anders oder neu hören können. Die Psalmbeter können uns dazu Wege eröffnen:

»Und ob ich schon wanderte im finstern Tal, fürchte ich kein Unglück, denn du bist bei mir, dein Stecken und Stab, trösten mich« (Psalm 23,4).

»Erhöre mich, wenn ich rufe, Gott meiner Gerechtigkeit, der du mich tröstest in Angst« (Psalm 4,2).

»Meine Zuversicht und meine Burg, mein Gott, auf den ich hoffe« (Psalm 91,2).

Solche Gebete der Bibel können in tiefen Stunden unseren Blick immer wieder wegwenden von den negativen Strudeln, die uns in Depression, Selbstmitleid oder Schuldgefühle hinabziehen wollen.

So ähnlich war es auch bei Paulus und Silas, als sie in Philippi ins Gefängnis geworfen wurden. Sie waren »hart geschlagen« worden, hatten vermutlich Blutergüsse oder offene Wunden zu ertragen, wurden in einen Block eingeschraubt, der die Füße fixierte. Das muss eine furchtbar schmerzhafte Erfahrung gewesen sein. Bestimmt haben sie am Anfang geschimpft, gelitten, geklagt. Loblieder kamen ihnen nicht sofort über die Lippen, denn es heißt ausdrücklich: »Um Mitternacht aber beteten Paulus und Silas und lobten Gott« (Apostelgeschichte 16,23-25). Also in der Mitte der Nacht, am Tiefpunkt, fanden sie zum Gebet und dann zum Lob. Das war für sie Trost.

Unser inneres Kind

In Markus 10,13-16 wird uns eine besonders eindrückliche Geschichte erzählt. Da sind Eltern, die wollen ihre Kinder zu Jesus bringen. Doch die Jünger ärgern sich darüber und wollen es verhindern. Vielleicht dachten sie: *Kinder sind laut, schmutzig und stören nur. Jesus will mit denen bestimmt nichts zu tun haben.* Daraufhin wird Jesus sehr zornig. Der Begriff »unwillig«, der dort im griechischen Text steht, bedeutet eine sehr starke Unmutsäußerung. Jesus sagt: »›Lasset die Kinder zu mir kommen und wehret ihnen nicht, denn solchen gehört das Reich Gottes. Wahrlich, ich sage euch: Wer das Reich Gottes nicht empfängt wie ein Kind, der wird nicht hineinkommen.‹ Und er herzte sie und legte die Hände auf sie und segnete sie.«

So ist diese Geschichte passiert. Aber wir dürfen sie auch lesen unter dem Aspekt der Heilung unseres inneren Kindes. Jede und jeder trägt seine Kindheitserfahrung in sich. Sie ist der Boden, auf dem unsere Persönlichkeit steht. Schweres und Schönes, Verletzendes und Liebevolles haben uns geprägt. Unser inneres Kind mit seinen Erfahrungen begleitet uns, bis wir sterben.

In Heilungsprozessen und im Hineinsteigen in die eigene Kindheitsgeschichte tun sich immer wieder auch Widerstände auf – ähnlich den Stimmen der Jünger. Manche Frauen erzählen mir von bitteren Erfahrungen: Gewalt, sexueller Missbrauch, Demütigung. Sie versuchen es aufzuarbeiten. Und ganz oft sagen dann die Männer zu den Frauen: »Rühre nicht in der Vergangenheit, lass sie ruhen. Das bringt nichts.«

Oder sogar: »Was soll denn Jesus damit zu tun haben wollen!« Möglicherweise denken die Frauen selbst das dann auch: *Warum sollte Jesus sich um meine alten Geschichten kümmern wollen?*

Das hört sich dann ganz ähnlich an wie die Reaktion der Jünger, die die Kinder nicht zu Jesus lassen wollen.

Vielleicht kennen wir selbst diese Stimmen auch in uns. Unser erwachsenes Ich, unser verkopftes Denken wehrt sich gegen Gefühle, gegen Verletzlichkeit, gegen vergangene Erinnerungen. Das bisherige Lebensmuster hat doch einigermaßen funktioniert. Und dann fragen wir uns: *Lohnt sich die Mühe? Bringt es das überhaupt?*

Ja, das bringt's, und zwar dann, wenn wir es so machen wie in dieser Geschichte.

Denn Jesus sagt sehr deutlich: »Wehret ihnen nicht!«

Im Gegenteil: »Lass sie kommen!« Das bedeutet für uns: Wir dürfen mit unserem inneren Kind in die Gegenwart von Jesus treten. Wir dürfen dieses Kind mit all seinen schmerzlichen Erfahrungen auf den Schoß von Jesus setzen. In der Geschichte heißt es ausdrücklich: »Und er herzte sie und legte die Hände auf sie und segnete sie.« Er nimmt sie in den Arm oder auf den Schoß, er legt die Hände auf sie, er berührt sie und segnet sie. Das bedeutet für alle Verletzten: Wir dürfen auf dem Schoß von Jesus Platz nehmen und unsere Wunden von ihm anrühren lassen.

Er will segnen, berühren, heilen.

Dann werden wir die Erfahrung machen: Ich darf alles vor Gott ausbreiten und herausklagen. Er ist stärker als die Verwundungen der Kindheit. Er erwartet uns mit weit offenen liebenden

Vaterarmen und sagt: »Komm her zu mir!« Bei ihm dürfen wir alles abladen, was uns verletzt, was uns wehtut, was uns bedrückt. Bei ihm dürfen wir weinen und loslassen – echt sein, unsere Gefühle kommen lassen und uns von seiner Liebe beschenken lassen. Das ist ein garantiert sicherer Ort.

Er kann das innere emotionale Loch ausfüllen. Er kann und er will die verwundeten Gefühle heilen, er will dem weinenden Kind die Tränen abwischen – und er tut es. Seine Liebe hat die Macht, alle seelischen Verletzungen zu heilen. Wo vorher nur emotionales Chaos und Wut, Verwirrung und Hilflosigkeit war, kann und will er eine neue Kraft der Hoffnung und der Liebe in unserer Seele wachsen lassen. Er kann alles gut machen. Aber wir müssen ihn auch an die kaputten Stellen heranlassen, damit er uns zurechtbringen kann. Und das tut manchmal sehr weh. Aber hinterher geht es uns besser. Es kehrt Frieden ein in unser Herz.

Gott – der bessere Vater, die bessere Mutter

Gott kann zu Mutter und Vater im guten Sinn werden. Er kann das schenken, was damals gefehlt hat.

Eine Frau, die als Kind sexuell missbraucht worden war, erzählte: »Ich habe jetzt einen richtigen Vater, den Vater im Himmel. Er ist gut zu mir, er liebt mich wirklich.« Durch die tröstende Liebe Gottes wurde ihre Seele geheilt.

Die Begleitung durch erfahrene Menschen kann in solch einem Heilungsprozess eine wichtige Stütze und ein Trost sein, wenn sie vermitteln: Auch das allerschlimmste, was du erlebt hast, entwertet dich nicht. Deine Erlebnisse haben nicht das letzte Wort und deine Erfahrungen nicht das letzte Urteil über deinem Leben. Du bist dennoch geliebt, auch wenn du dich selbst schmutzig und wertlos fühlst.

Aber heilen können Menschen nicht. Das kann nur Gott. Er ist in Christus auf diese Erde gekommen, um uns von der inneren Zerbrochenheit zu heilen. Keine Verletzung ist so tief, dass er sie nicht reinwaschen könnte. Er hat für uns geblutet, sich für uns verletzen lassen, um unsere Verletzungen zu heilen. Er kann befreien von Schuldverstrickung und den Mächten der Finsternis.

Er ist diese starke Liebe und Kraft, die heilt. Er ist der Auferstandene, der alle Mächte der Finsternis überwunden und zerstört hat.

Wer so trauert, erfährt auch Heilung. Die direkte Wirkung von Klagen und Weinen ist Trost. So werden die Trauer- und Klageorte zu Trost-Orten. Die vorigen Verletzungen verlieren ihre Macht, die Täter werden einem egal oder wir sehen sie sogar mit Barmherzigkeit an. Die schlimmen Geschichten bekommen einen neuen Platz, die Würde kehrt zurück in die Seele.

JA ZU NEUEN BOTSCHAFTEN

Innere Heilung wird auch Denken, Fühlen und Verhalten verändern. Manchmal muss das ganz bewusst eingeübt werden.

Gerade Menschen mit seelischen Verletzungen, egal, welcher Art, sind in der Gefahr, negativ über sich zu denken oder sich in negativen Gedankenstrudeln zu drehen.

Nach dem Tod eines geliebten Menschen sehen sie das Leben und sich selbst oft viel negativer. Nach dem Verlust einer Arbeitsstelle oder Freundschaft sind sie zutiefst verunsichert. Nach dem Verlust der Heimat oder der Gesundheit fühlen sie sich wertlos. Je nach Vorerfahrungen können solche Erlebnisse dann die negativen Urgefühle oder bisherigen Botschaften noch verstärken.

Keine negativen Selbstbotschaften mehr

In Situationen von Versagen, Scheitern oder Beschämung schreiben sich Menschen häufig selbst die Schuld zu: *Das ist mir passiert, weil ich es nicht anders verdient habe.* Oder: *Ich bin selbst schuld, das habe ich nun davon.* Oder: *Das war ja klar, dass mir das nicht gelingen kann.*

Diese negativen Selbstbeurteilungen sind Botschaften, die Menschen schon von klein auf zu hören bekommen haben und die sie sich zu eigen gemacht haben. Es sind die Erklärungen, die sie selbst als Kind aus ihren Erfahrungen entwickelt haben, zum Beispiel aus Situationen der Ausgrenzung oder der Demütigung.

Solche Erfahrungen werden dann zur Grundbotschaft, zum Lebensskript: *So bin ich, das geschieht mir recht.* Das geht dann so weit, dass die tiefste Schicht der Seele in der Begegnung mit Menschen immer wieder diese Botschaft wahr werden lässt. Das ist das vertraute Muster.

Eine Frau war als Kind schon Außenseiterin. Sie zog mit ihren Eltern in ein katholisches Dorf. Sie und ihre Eltern waren evangelisch. Sie wohnten am Ortsrand, das Haus war mit einem hohen Zaun umgeben. So hatte sie wenig Kontakt zu anderen Kindern. Und wenn sie mitspielen wollte, wurde sie schnell ausgegrenzt. Auch in der Schule war sie die »Fremde«. Immer wieder machte sie die Erfahrung, dass sie nicht zugehörig war. Dieses Gefühl wurde mit der Zeit das normale. So wundert es nicht, dass sie später, als sie eine Ausbildung machte, auch dort schnell zur Außenseiterin wurde. Unbewusst strahlte sie – durch die vielen Vorerfahrungen – aus: Ich gehöre hier nicht dazu. Oder auch: Ich darf nicht dazugehören. Oder: Ich weiß nicht, wie es sich anfühlt, dazuzugehören. Entsprechend reagierten die anderen auf sie. Später wunderte sie sich, dass sich dieses Muster durch ihr ganzes Leben auch im Berufsalltag zog. Immer wieder wurde sie gemobbt und ausgegrenzt.

Sie stellte sich diesen Erfahrungen und dem damit verbundenen Schmerz nochmals neu. Sie setzte einen Gegenpol mit Worten und Wertschätzungen Gottes, die sie aus der Bibel her kannte. Sie stieg damit in diese alten Gefühls- und Verhaltensmuster ein und übte, diesen zu widersprechen. Sie fragte sich dann: Was hätte ich damals als Kind gebraucht? Was hätte mir geholfen? Wer hätte mir helfen können?

Sie stellt sich die damaligen Szenen nochmals vor und nahm sich eine erdachte Freundin mit in diese Situationen, die mit ihr zusammen neue Botschaften formulierte: Du bist wertvoll, du gehörst dazu, wir wollen dich dabeihaben. Mit dieser Freundin oder Helferin erlebte sie in Gedanken und auch Gefühlen manche Situationen nochmals neu. Das Erstaunliche geschah. Nachdem diese alten Erfahrungen der Verletzung in ihr nach und nach heil wurden, konnte sie auch in der Gegenwart Menschen anders als bisher begegnen. Die Vorsicht, die Angst, das Misstrauen anderen gegenüber verschwanden mehr und mehr. Sie konnte mit mehr Sicherheit und Freude auf andere zugehen – eben mit diesem Grundgefühl: Ich gehöre hier dazu, ich habe etwas zu geben, ich kann etwas für das Miteinander beitragen.

Sie war damit ganz in der Botschaft der Bibel unterwegs. Gottes Zusagen an uns Menschen sind: Du bist wertvoll, ich habe dich erschaffen, du hast dieser Welt etwas Wichtiges zu bringen.

An diesem Beispiel wird deutlich, dass Verletzungen eine tiefe Furche in unser Leben graben können. Solche Furchen können zugeschüttet und heil werden. Alte Botschaften können durch neue ersetzt werden.

Das geschieht dann, wenn Gottes Urteil und seine Botschaften mehr Macht bekommen als die alten Denkmuster und die damit verbundenen Gefühle. So können Opfer ein ganz neues Bewusstsein ihrer Identität und ihres Wertes entwickeln.

Die neuen Botschaften lauten dann: *Ich bin in schlimmen Ereignissen nicht von Gott verlassen und vergessen. Im Gegenteil: Er vergisst mich nicht und bestraft mich nicht durch mein Schicksal. Gerade in solchen Situationen kann er mir in besonderer Weise nahe sein und helfen.*

Positive Gegenbilder und Gegengedanken

Wer traumatisiert ist, wer Gewalt und Übergriffe erlebt hat, leidet immer wieder unter sogenannten »Flashbacks«.[50] Meistens spult sich das schreckliche Erlebte mitten im Alltagsgeschehen wie ein innerer Film ab. Diesen Bildern fühlen sich Traumatisierte ohnmächtig ausgeliefert. Manchmal nimmt das Ereignis in dem Film sogar einen noch schlimmeren Ausgang als das, was sie erlebt haben.

Solche Flashbacks können sich auch auf Körpererfahrungen beziehen. Wer sexuelle Gewalt erlitten hat, wird bei der Berührung bestimmter Körperstellen möglicherweise sofort dissoziieren, emotional abschalten, wegdriften, um diesen verletzenden Erfahrungen nicht wieder ausgesetzt zu sein.

Flashbacks, innere Filmbilder oder emotionale Trigger führen Gedanken und Gefühle immer in eine Abwärtsspirale. Sie führen aus der Gegenwart in die schreckliche Vergangenheit und versetzen in körperliche Übererregung, in einen Angstzustand oder in Panik.

Solche Flashbacks werden noch verstärkt durch negatives Selbsteinreden. *Mein Körper ist wie ein dreckiger Lumpen, den ich hassen, verachten und zerstören muss.* Opfer von sexuellem Missbrauch haben von klein auf verinnerlicht: »Du bist selbst schuld daran, dass dir das geschehen ist. Du bist falsch, du bist schmutzig innen und außen. Das geschieht dir ganz recht, dass dir das angetan wird. Du hast es nicht besser verdient.« Solche

Botschaften sind direkt verknüpft mit Gefühlen und Körperempfindungen. Denn der Körper war der Ort des Missbrauchs, die Empfindungen lassen die Erinnerungen an das Geschehen wieder aufleben.

In so einem Fall ist es immer ein längerer Weg, bis die Flashbacks nicht mehr das Empfinden beherrschen. Solche Rückblenden brauchen einen Schutzschild, eine Waffe, die ihnen Einhalt gebietet, sonst verselbstständigen sie sich, führen zu einer Re-Traumatisierung und gewinnen mehr Macht über das Leben, als ihnen zusteht.

Es gibt dazu verschiedene Techniken, die helfen, sich von solchen Bildern nicht dauernd überrollen lassen zu müssen:

- sich an einen sicheren Ort begeben und sich verdeutlichen, dass das Geschehen Vergangenheit ist.[51]
- den eigenen Körper spüren, sich an die Nase fassen oder an den Arm und sich vergewissern, dass man in der Gegenwart ist.
- mit der Technik des Gedankenstopps[52] den Negativ-Bildern Einhalt gebieten durch ein stärkeres Positiv-Bild.
- Es laut aussprechen: »Mir wurde Unrecht angetan« – oder auch: »Dieser Mensch hat mir unrecht getan: Er oder sie ist schuldig geworden an mir.«
- Heilende Bilder in sich entstehen lassen oder sich von Gott erbitten, die eine größere Macht entfalten als die Schreckensbilder.
- andere Botschaften im Blick auf sich und den eigenen Körper kennenlernen und diesen mehr Raum geben. Auch die schlimmsten Erfahrungen können »überschrieben« werden.

In der Traumaarbeit, aber auch für die Heilung von weniger schlimmen Verletzungen gehört es dazu, in einzelne Szenen der Verletzung oder Traumatisierung wieder hineinzusteigen und zu fragen: *Was wäre damals hilfreich und gut gewesen? Was hätte das Kind oder der/die Jugendliche an Schutz gebraucht? Wer hätte wirklich helfen können? Welche Worte hätte das Kind hören müssen? Was hätte es spüren müssen?*

Die Antworten müssen von den Betroffenen selbst kommen. »Die selbst gewählte Vorstellung ist immer die wirksamste.«[53] Dabei sind der Fantasie keine Grenzen gesetzt. Es müssen nicht reale Menschen sein, die dann ein neues Skript, ein neues Erlebnis, eine neue Filmsequenz schaffen. Es können auch Fantasiefiguren sein. Es kann »eine gute Mutter« oder »ein guter Vater« sein, es kann ein »Helfer« sein, es kann »Christus« sein, der mit mir nochmals in diese Geschichte einsteigt und sie nochmals neu mit mir erlebt und positiv umschreibt.

Mit Imaginationen arbeitet unter anderen auch IRRT (Imagagery Rescripting & Reprocessing Therapy).[54] In dieser Therapieform wird die innere Bühne benutzt. Traumatisierte gehen in ihrer Vorstellungswelt zurück in Szenen vergangener Tage, damit sie dem, was sie damals überwältigt hat, neu ins Auge blicken – und als Sieger von der Bühne gehen können.

Denn wenn Menschen an den negativen Erlebnissen von früher festhängen, entsteht ein sogenanntes negatives inneres Schema oder auch Lebensskript. Alle weiteren Erlebnisse werden auf dem dramatischen und verletzenden Ereignis von damals aufgebaut und durch ähnliche negative Erlebnisse verstärkt. Damit entstehen Gefühle von Ohnmacht, Einsamkeit, Unfähigkeit, Hilflosigkeit, Versagen. Wenn aber in das damalige Erlebnis wieder eingestiegen wird und die damalige Dramaturgie wie bei einem Theaterdrehbuch neu geschrieben wird, verändert das auch das eigene Selbstbild. Das bedeutet nicht, dass damit die Vergangenheit verändert wird, sehr wohl aber die Erinnerung daran und deren Deutung. Und das ist heilsam.

Eine vom Vater misshandelte Frau berichtet, dass sie sich in den vielerlei Gewaltszenen immer schnell als Schutzschild vor die Mutter und die Schwester gestellt hat. Der Gedanke, der im Hintergrund mitspielte, war der: Wenn der Vater mich schlägt, werden die anderen verschont. Der tiefer liegende Gedanke war aber noch ein anderer: Wenn ich mich so opfere für die anderen, dann müssen sie mich doch lieben, oder? Vor allem die Liebe, Zuwendung und Achtung der Mutter müsste ich doch dann bekommen, oder nicht?

Es war eine sehr schmerzliche Erkenntnis zu begreifen, dass die Sehnsucht nach Liebe sie in diese Opferhaltung trieb. Auch als Erwachsene machte sie sich permanent zum Opfer für andere. Sie sendete Botschaften aus wie: »Ich helfe gern« oder »Mich könnt ihr immer fragen« oder »Mir könnt ihr Lasten auflegen«. Sie fragte nicht nach eigenen Bedürfnissen, geriet immer wieder an den Rand ihrer Kraft und wurde eines Tages krank und konnte überhaupt nicht mehr arbeiten. In dieser Phase hatte sie den Mut, den ungelösten Fragen ihres Lebens ins Auge zu schauen. Sie entdeckte, dass die Helfer- und Opferrolle nichts anderes war als eine tiefe Sehnsucht nach Liebe und Anerkennung. Die frühen Erfahrungen ihrer Kindheit waren zum Lebensskript geworden, das lautete: Stell dich zur Verfügung, dann bist du wenigstens etwas wert.

Was bedeutet es nun, in so einer Situation das »Theaterdrehbuch« neu zu schreiben? Zunächst wird das frühere Drama nochmals erzählt und teilweise auch durchlebt. Dann geht in einer zweiten Phase das heutige Ich mit in die damalige Szene und interveniert mit neuen Botschaften und Handlungen. Das heutige Ich greift bewusst in das damalige Geschehen ein.

Zunächst ging sie nochmals in diese demütigenden Szenen hinein, sie spürte der damaligen Hilflosigkeit und Angst nochmals nach. Die Frage lautete dann: Was hätte ich damals gebraucht? Die Antwort war: einen Schutzmantel aus Licht, der mich unangreifbar und unverletzlich macht.

Was für Botschaften hätte dieses Kind hören müssen? Die Antwort, die sie fand: Niemand hat das Recht, so mit dir umzugehen. Hier bist du sicher. Niemand kann dich hier verletzen.

Die nächste Frage war: Was hätte passieren müssen, um das zu spüren? Die Antwort: Der Vater hätte sich abwenden müssen, weil er keinerlei Macht mehr hatte. Er wäre aus dem Zimmer gegangen und nie wieder in böser Absicht zurückgekehrt.

In einer zweiten Szene ging sie dann mit ihrem heutigen Ich nochmals in die Szene und sprach diese Botschaften laut aus. Sie nahm das damalige Kind in Schutz und stellte sich gegen den Vater. Dieser wurde aus dem Raum gewiesen und durfte nicht mehr zurückkommen.

Die Vergangenheit kann zwar nicht verändert werden, aber deren Wirkung auf die Seele und auf das heutige Verhalten sehr wohl. *Auch wenn es nicht so war. Ich gehe mit dem heutigen erwachsenen Ich zu dem damaligen verletzten Ich und tröste es beziehungsweise lasse es trösten. Ich gehe mit ihm, sage ihm, was es damals gebraucht hätte. Ich erlebe die Szene nochmals neu mit ihm.*

So werden die damaligen Erfahrungen überschrieben. Neue Worte, neue Zusagen können ein Gegengewicht zum bisherigen bilden und so auch heilen. Jedes Mal, wenn gegenwärtige Situationen an damalige Verletzungen erinnern, kann das neue Skript oder neue Bild dagegengesetzt werden. Das bedeutet dann: *Heute lasse ich nicht mehr gelten, was damals so schlimm war. Heute hat meine Seele neue Botschaften, sie hat Heilung erfahren, heute ist sie stark geworden durch die erfahrene Liebe und Wertschätzung.*

Viele Menschen machen die Erfahrung, dass biblische Worte und Verheißungen, Zusagen aus Gottes Wort und Geschichten von Jesus eine ganz besondere Macht in der Heilung der Vergangenheit entfalten können. Viele nehmen ganz bewusst Christus mit in die früheren Szenen hinein und stellen ihn zwischen sich und die Täter.

Wer auf diese Weise neue Denk- und Gefühlsmuster erlebt, kann den alten Botschaften mutig widersprechen: *Es stimmt eben nicht, dass ich selbst daran schuld bin, wenn ich missbraucht oder misshandelt wurde, sondern ich bin Opfer gewesen. Die Täter haben Vertrauen missbraucht und mir tiefen Schaden zugefügt.*

Und: *Es gibt Mächtigere als die Täter. Ich muss mein inneres Kind nicht mehr schutzlos ausliefern, sondern kann mit ihm in eine neue Geschichte einsteigen. Ich kann manches im Rückblick noch mal neu und ganz anders erleben und diesen Erfahrungen mehr Raum geben als den schlimmen und verletzenden.*

Die Begleitung durch erfahrene Seelsorger oder Therapeuten kann in solchen Heilungsprozessen nötig sein. Sie können helfen, dass die Achtung vor sich selbst zurückgewonnen oder überhaupt zum ersten Mal erlebt werden kann. Grenzüberschreitungen dürfen abgewehrt werden. Nein sagen zu Demütigungen ist erlaubt. Sie können auch zu neuen Vater- oder Muttererfahrungen verhelfen und so den schlimmen Erfahrungen der Vergangenheit Neues und Positives, Heilendes entgegensetzen. Dann können die Botschaften anders als bisher lauten: *Gott hat meinen Körper geschaffen, darum ist er liebenswert. Ich brauche meinen Körper nicht zu hassen. Ich darf Gefühle zeigen, auch die negativen. Ich darf meinen Körper und seine Empfindungen wahrnehmen und muss dabei nicht mehr im Chaos enden. Auch wenn ich Gefühle zulasse, die wehtun, gehe ich dabei nicht unter. Gott weint mit mir über die Wunden, die mir von anderen oder durch mich selbst zugefügt wurden. Gottes Liebe kann mein Chaos heilen. Ich darf mich selbst wieder achten und wertschätzen.*

Die Folge von Heilung ist Aufbruch. Geheilte Menschen können selbst Verantwortung für ihre Taten übernehmen und müssen sich nicht mit Verlusten im Leben oder den Erziehungsfehlern der Eltern oder anderer Menschen entschuldigen. Sie müssen sich nicht mehr als Opfer sehen. Sie müssen sich nicht mehr selbst bemitleiden und ihre Fehler und Schwächen nicht mehr verstecken. Vergeben können, Bitterkeit und Trotz ablegen können, Aggression und Selbstverurteilung loslassen können, das alles ist die Auswirkung von innerer Heilung.

Die Waffenrüstung Gottes

Einen hilfreichen Gedanken für Heilungsprozesse bietet uns der Epheserbrief an. Er stellt das Bild der »Waffenrüstung« Gottes vor Augen: »Vor allen Dingen aber ergreift den Schild des Glaubens, mit dem ihr auslöschen könnt alle feurigen Pfeile des Bösen« (Epheser 6,16). Das Bild beschreibt brennende Pfeile, die über die Mauer fliegen, um im Innenhof der Seele eine Verwüstung anzurichten. Den Schild des Glaubens nehmen bedeutet, etwas Stärkeres dagegenzuhalten und so den Pfeilen ihr Verwüstungswerk nicht zu erlauben, sondern sie auszulöschen. Dann brennen sie nicht mehr und können keinen Schaden mehr anrichten. Diese biblische Aufforderung wurde später von der Psychologie »Gedankenstopp« genannt. Sie gilt für unsere Alltagsthemen wie Sorgen und Ängste, Trauer und Verletzungen, ist aber genauso hilfreich und heilsam für Traumatisierte.

Damit der Gedankenstopp funktioniert, braucht es einen »Gegen-Gedanken« oder ein Gegenbild, das stärker ist und besser als die bedrohenden Bilder und Gedanken. Solche Positivbilder kann man sich auch von Gott erbitten.

Wie genau funktioniert das?

Stellen Sie sich eine typische Situation aus Ihrem Leben vor, in der Sie sich schwertun oder Mühe haben.

Nun fragen Sie sich, was für ein positives inneres Bild, welcher Gedanke, welche Vorstellung ein gutes Gegenbild wäre. Was würde mir einen neuen Blick oder auch neue Gefühle, neue innere Sicherheit geben können?

In der Seelsorge gebe ich gerne den Rat, die Seele mit dieser Frage Gott hinzuhalten und ihn um ein neues Bild zu bitten, einen neuen Gedanken, eine neue Richtung. Die Antwort können Sätze, Bilder, Eindrücke, Verheißungen, Liedverse usw. sein. Jeder Mensch hat seine eigenen negativen Festlegungen und braucht darum auch seine ganz persönlichen Zusagen und Verheißungen. Und diese will Gott schenken.

Wenn solch ein neues Bild, ein Gedanke, ein Eindruck kommt, sollte dieser ausgedrückt, formuliert und erzählt werden, damit er klar und wahr wird.

Jedes Mal wenn dann im Alltag eine der typischen schwierigen Situationen entsteht, Gedanken und Gefühle ihre gewohnten negativen Bahnen zu ziehen beginnen, können die neuen Gedanken und Gegenbilder dagegengesetzt werden. Auf diese Weise wird dem negativen Einhalt geboten, eben ein Stopp gesetzt.

Am Anfang ist das nicht leicht. Es kann viel Kraft kosten, denn das Gewohnte scheint zunächst einfacher und bequemer.

Auf Dauer aber ist es ungeheuer befreiend, zu erfahren: Ich muss mich nicht ständig von alten Gewohnheiten oder Denkmustern mitreißen lassen, sondern ich kann diesen alten Mechanismen tatsächlich einen Stopp setzen.

Die Neurobiologie nennt diese Fähigkeit zur Veränderung »Neuroplastizität«.

Der Gedankenstopp ist eine große Hilfe, den Gedanken neue Wege zu weisen. Wie im Leben, so ist es auch im Gehirn. Fähigkeiten, die nicht trainiert werden, verkümmern. Schaltungen, die nicht benutzt werden, bilden sich zurück. Dies gilt sowohl im Positiven wie im Negativen.

Dieses Vorgehen kann hilfreich und heilsam sein bei allen Formen von Verletzungen, Ängsten, Sorgen. Die Frage lautet dabei immer: *Auf welche Seite stelle ich mich? Wohin lasse ich meine Gedanken und Gefühle gehen? Welchen Bildern gebe ich Macht über mich? Was soll mich im Innersten beherrschen?*

Solche Heilungsprozesse können einige Zeit dauern. Sie werden nicht sofort wirksam, weil die alten Gefühle und Gedanken zunächst immer noch die vertrauten sind.

Die neurologische Bahn, die im Gehirn gelegt ist, ist wie eine Datenautobahn. Die neuen Bilder und Gedanken sind am Anfang wie ein Feldweg, der noch nicht eben ist. Je öfter er aber betreten wird, desto gewohnter und vertrauter wird er.

Und Neurobiologen haben inzwischen herausgefunden, dass unser Gehirn bis ins hohe Alter lernfähig ist. Das bedeutet: Für neue Gedanken und neue innere Botschaften und auch für neue Gefühle ist es nie zu spät. Darum dürfen wir auch an dieser Stelle unserer Seele immer wieder Mut zusprechen und darauf vertrauen, dass das Neue auf jeden Fall erfahrbar wird und bis in die Tiefenstruktur unseres Lebens hineingreifen wird.

Eintreten für Gerechtigkeit und Recht

Wer Heilung erlebt hat, wird sehr sensibel für alle Formen von Unrecht und Unterdrückung. Darum engagieren sich viele ehemalige Opfer für heutige Opfer. Da sie die Mechanismen der Unterdrückung sehr gut aus eigener Erfahrung kennen, können sie oft viel besser verstehen, wie eine Opferstruktur aussieht und wie subtil diese oft in den Emotionen greift.

Sobald sie selbst innere Stabilität gewonnen haben, werden sie möglicherweise auch darauf hinarbeiten, dass die Täter sich zu ihren Taten bekennen oder dass das Unrechtssystem unterbrochen wird.

Wer Heilung erfahren hat, kann es nicht ertragen, wenn andere weiter unter den Tätern zu leiden haben. Für solche Schritte brauchen die ehemaligen Opfer aber unbedingt rechtlichen und therapeutischen Beistand, denn die Gefahr ist groß, dass es auf diesem Weg zu Re-Traumatisierungen kommen kann. Die Täter haben zum Teil sehr subtile und perfide Strategien, die früheren Opfer als unglaubwürdig hinzustellen.

JA ZUR VERGEBUNG

Wenn Menschen von den schlimmen Erlebnissen mit anderen Menschen erzählen, von vergangenen oder gegenwärtigen Geschichten, wird in der Seelsorge oder in der Beratung oft ein vorschneller Rat gegeben: *Da musst du halt vergeben und dann ist alles wieder gut*. Oder sogar: *Wer in der Vergangenheit herumwühlt, ist nicht bereit zur Versöhnung* oder: *Lass die Vergangenheit ruhen und schaue nach vorne.*

Vergebung muss durch die Trauer hindurch

Für Menschen mit Verletzungen oder sogar Traumata ist dies kein hilfreicher Rat. Zu schnelles Vergeben ist schädlich oder sogar ein christlich getarnter Verdrängungsmechanismus. Was nicht sein kann, wird einfach nicht angesehen. Nicht mehr darüber reden zu dürfen, verschlimmert die Problematik und entwickelt eine schädliche Dynamik.

Vergebung darf auch kein Ersatz für eine notwendige Auseinandersetzung oder anstehende Klärung von Konflikten sein.

Möglicherweise kommt eine schnelle, aber oberflächliche Vergebung den Opfern von Verletzungen sogar entgegen: *Wenn ich gleich vergebe, kann ich dem schmerzhaften Heilungsprozess ausweichen. Alles ist gut – ich lasse es hinter mir.* Aber das funktioniert nicht.

Am nächsten Tag sind die gleichen oder noch schlimmere Gefühle wieder da. Und dann kann es sein, dass dadurch wieder selbstabwertende Gedanken Macht gewinnen: *Ich bin ein nachtragender Mensch.* Oder: *Mit meinem Glauben kann es nicht weit her sein, wenn ich schon wieder die Vergangenheit ausgrabe.* Solche Selbstbezichtigungen können einen Teufelskreis zur Folge haben: *Ich muss noch mehr beten, noch mehr im Glauben erreichen, nochmals in die Seelsorge, wieder und wieder beichten.*

Solche Erfahrungen sind ein Zeichen dafür, dass die Vergebung die wirklich betroffene oder verletzte Schicht der Seele noch gar nicht erreicht hat. Dann geschieht Vergeben nur an der Oberfläche, im Kopf, aber das Herz kommt noch nicht mit. Vergeben ist erst dann echt und ehrlich, wenn die Betroffenen auch wissen, was sie vergeben, wenn sie durch den Tunnel von Trauer, Klage und Anklage gegangen sind. Dann erreicht Vergebung auch die Gefühle. Dann kann Gott die verletzten Stellen berühren. Unsere Wunden sollen von seinen Wunden geheilt werden.

Wenn Verletzte die Erfahrung machen: *Ich kann den ganzen Schmerz zulassen, es darf wahr sein, ich darf darüber wütend sein, weinen, ratlos sein, trauern,* dann werden sie merken wie mehr und mehr Heilung in die Seele kommt. Vergebung kommt dann fast »automatisch«.

Dann muss sich niemand mehr dazu zwingen, überreden oder emotional vergewaltigen. Sondern die heilende Gegenwart Gottes fließt dann im Gegenzug zu Trauer und Schmerz in die Seele hinein.

Vergebung braucht nicht die Entschuldigung der Täter

»Wer vergibt, gibt etwas her. Er verzichtet auf den Schuldvorwurf und auf seinen Anspruch auf Wiedergutmachung des erlittenen Unrechts, ohne die erlittene Verletzung zu relativieren oder zu entschuldigen.«[55] So formuliert es Konrad Stauss, der mit spirituell-therapeutischer Vergebungs- und Versöhnungsarbeit schon vielen Menschen zu einem befreiten Lebensgefühl verhelfen konnte. Manchmal bitten die Täter um Vergebung, aber das geschieht nur in den allerseltensten Fällen. Entscheidend ist, dass die Versöhnung in einem selbst geschieht.

Um zu vergeben, muss sich der Täter nicht vorher entschuldigt haben. Die Reue des anderen ist keine Voraussetzung dafür. Es wäre schlimm, wenn es so wäre.

Manche meinen, die Täter müssten Wiedergutmachung leisten, erst dann wäre Vergebung möglich. Doch zum Glück stimmt das auch nicht. Denn das geschieht so gut wie nie. Die Erwartung von Wiedergutmachung bindet die Opfer emotional viel zu sehr an die Täter. Alle Gedanken kreisen dann darum beziehungsweise um das negative Verhalten der Täter und um die Hoffnung auf Entschuldigung oder Wiedergutmachung.

Und oft sind ja auch die Täter schon tot. Wenn also der direkte Kontakt zwischen Täter und Opfer Voraussetzung für

Vergebung und Heilung wäre, wäre vielen dieser Weg verschlossen.

Eine Frau hat durch ihren Großvater immer wieder tiefe Demütigung und Verletzung erlebt. Er ging mit ihr sehr verächtlich um und hat sie immer wieder spüren lassen, dass sie wertlos sei. Viele Jahre hat sie das gekränkt, auch noch als erwachsene Frau war ihr Selbstwertgefühl dadurch verdunkelt.

Sie ging dann in einer Gebetszeit auf ihre innere Bühne und stellte den Großvater nochmals vor sich. Die Gefühle waren fast unerträglich, die ganze Scham und Last kam wieder hoch. Doch dann sah sie in einem inneren Bild, wie Christus sich zwischen sie und ihren Großvater stellte. All die negativen Gefühle gegen ihn waren nicht weg, sondern richteten sich nun auf Christus. Im gleichen Moment spürte sie eine ungeheure Entlastung. Sie begriff, dass Christus auch für die Verletzungen durch den Großvater gestorben ist. Und auch für dessen Verletzungen. Sie sah dann, wie Christus sich auch zum Großvater umdrehte und ihn mit barmherzigen Augen ansah. Ihre negativen Gefühle wurden dadurch verwandelt, als sie begriff: Christus hat sie auf sich und mit in seinen Tod genommen. Von dem Moment an fühlte sie sich sicher und konnte vergeben und einen barmherzigen Blick auf ihren Großvater bekommen – auch viele Jahre nach dessen Tod.

Wer so das Sterben von Christus auch für solche Erfahrungen gelten lassen kann, muss seine Identität nicht auf zugefügten Verletzungen und daraus folgenden Rache- oder Opfergefühlen aufbauen. Die eigene Identität wird durch den Schutz, den Christus durch seine Vergebung zwischen uns legt, verändert.

Vergeben ist auch dann möglich, wenn der oder die Schuldige durch Wegzug oder Tod aus dem Lebensumfeld verschwunden ist. Es kann eine Hilfe sein, diesem Menschen einen nicht abzuschickenden Brief zu schreiben oder in Gedanken vor ihn oder sie zu treten und Vergebung zu formulieren: *Ich vergebe dir. Alles, was du mir angetan hast, lege ich vor Gott ab. Es belastet mich nicht mehr und ich will auch dich nicht mehr damit belasten.*

Es kann auch hilfreich sein, mit Beratern oder Seelsorgern gemeinsam die belastenden Gedanken vor Gott zu bringen und sich Entlastung und Befreiung im Namen von Jesus zusprechen zu lassen. Als Beispiel stieß ich auf das Gebet eines unbekannten Autors:

> *Herr Jesus Christus, ich nehme Abschied von Vergangenem und Gewesenem.*
> *Kein »Hätte ich doch …«, kein »Wäre ich doch …« und auch kein »Würde ich doch …« mehr.*
> *Sondern deine Vergebung, die die Schuld der Vergangenheit zudeckt und mich neu ausrichtet.*
> *Den Blick auf dich, Herr Jesus Christus, gerichtet und dieses »Du bist dennoch!« auf den Lippen und im Herzen.*
> *Hinein in eine neue Zukunft – umgeben von deiner Vergebung, in der festen Hoffnung, dass du Neues schaffen wirst. Ich danke dir jetzt schon dafür.*

Die schlimmen bedrängenden Gedanken an diese Menschen müssen dann nicht mehr bedrohlich sein. Sie können ihre Macht verlieren, denn Christus stellt sich schützend zwischen den Täter und das ehemalige Opfer.

Vergebung lässt Wahrheit zu

Vergebung ist also nicht Entschuldigung der Tat. Zum Vergeben gehört das Benennen der Tat: *Mir wurde Unrecht angetan. Ich bin Opfer und nicht Täter.*

Vergebung ist auch nicht Verdrängung der Gefühle – Gefühle von Verletzung, Schmerz, Wut und Trauer müssen wahr sein dürfen. Ohne das Zulassen dieser Gefühle geschieht keine Heilung.

Vergeben heißt nicht, dass sich Opfer nicht mehr an die Tat erinnern oder nicht mehr darüber reden dürfen. Wenn sie darüber sprechen, werden sie anders darüber sprechen als zuvor, ohne Rachegefühle oder Selbstabwertung.

Vergebung zieht nicht automatisch eine gute Beziehung zu den Tätern nach sich. Manche brauchen eine Distanz zu diesen, vor allem wenn sie den Tätern noch regelmäßig begegnen können und die Gefahr besteht, dass sie weiter verletzt oder misshandelt werden.

Manche erleben es als einen guten Abschluss ihrer Heilung, wenn sie in der Begegnung mit den Tätern (beispielsweise vor Gericht) diesen sagen, dass sie ihnen vergeben haben. Oder wenn sie diesen einen Brief schreiben, in dem sie die Vergebung aussprechen, ohne dass die Täter den ersten Schritt gemacht haben.

Manche haben gute Erfahrungen mit Täter-Opfer-Gruppen gemacht. Das sind Gruppen, in denen sich Menschen treffen, die beispielsweise ein Familienmitglied durch Mord verloren haben, und solche, die selbst jemanden umgebracht haben.

Das sind dann in aller Regel nicht die Mörder des besagten Familienmitglieds, denn das wäre in den meisten Fällen unerträglich. Aber es sind eben Täter und Opfer, die miteinander ins Gespräch kommen. Das Ziel dabei ist, dass Täter sich bei einer Opferfamilie stellvertretend entschuldigen und Opfer Vergebung formulieren können.

In einem Täter-Opfer-Ausgleich gibt es auch die direkte Begegnung zwischen Täter und Opfer mit dem Ziel, dass es zu einer Wiedergutmachung vonseiten des Täters kommt. Solche Begegnungen müssen professionell vorbreitet und begleitet werden. Wenn der Täter den Wunsch nach Vergebung hat und bereit ist, sich zu seiner Tat zu stellen, kann die direkte Begegnung auch heilende Wirkung für die Opfer haben. Das Böse bekommt ein Gesicht. Durch Perspektivwechsel und das gegenseitige Zulassen von Emotionen wird das Unfassbare fassbarer und der Schrecken zumindest teilweise entmachtet.

Solche Gruppen dürfen nicht selbst initiiert werden, sondern müssen von ausgebildeten Fachleuten geleitet und begleitet werden.

Für Ehepaare, die einander verletzt haben oder die bisher in einer Täter-Opfer-Beziehung gelebt haben, bedeutet Vergebung und Versöhnung nicht, dass die bisherigen Muster einfach weitergelebt werden. Versöhnung in einer Ehe hat immer eine Veränderung des Verhaltens und der Haltung zueinander zur Folge. Auch hier gilt: Versöhnung und Vergebung müssen durch die schmerzhafte Wahrheit hindurch. Beide Partner müssen verstehen, auch emotional verstehen, was sie dem anderen angetan haben und woran er oder sie zu leiden hatte. Versöhnung heißt: Wir verabschieden verletzendes und unterdrückendes Verhalten und helfen einander, die schädlichen Mechanismen zu erkennen, zu entlarven und zu entmachten.

Denn solange einer von beiden weiter davon ausgeht, dass der andere es böse mit ihm oder ihr meint oder solange Misstrauen weiter genährt wird, können die beiden nicht versöhnt miteinander leben. Solche Prozesse brauchen in aller Regel auch Begleitung durch Therapeuten oder in diesem Bereich ausgebildete Seelsorger.

Perspektivwechsel

Jeder Mensch sehnt sich zutiefst danach, sich mit seiner eigenen Lebensgeschichte auszusöhnen. Eine Hilfe dazu kann sein, die Perspektive zu wechseln und die Täter nochmals anzuschauen unter der Frage: Was hat er oder sie wohl in der Kindheit erlebt?

Der Gedanke kann hilfreich sein, dass Täter – egal, ob nun Eltern, der Ehepartner oder andere Menschen – in der Regel ihre Taten nicht vorsätzlich begehen. Viele Eltern waren Gefangene ihrer Vergangenheit. Deswegen stolperten sie an vielen Stellen über ihre eigene Unfähigkeit und ihre eigenen Verletzungen und gaben das wieder an ihre Kinder weiter.

Selbst bei schlimmstem Missbrauch handeln Täter oft unter Zwängen. Missbrauchstäter sind oft süchtig nach Sex oder Macht und brauchen selbst auch Heilung und Vergebung. Oft stellen sie die eigenen Erlebnisse wieder her, indem sie sie neu inszenieren. Das ist dann das vertraute Muster. Sie haben von klein auf gelernt: *So geht das Leben, – so ist man Mann oder Frau.*

Eine Frau erzählte, wie sie vom Vater sexuell missbraucht wurde. Als sie sich bei der Mutter darüber beschwerte, war deren Antwort: »Stell dich doch nicht so an, das ist doch normal. So ist das eben mit uns Frauen.«

Das Familienklima, das Menschen erlebt haben, geben sie wieder an die eigenen Kinder oder den Ehepartner weiter. So wie sie geprägt wurden, prägen sie auch wieder selbst – wenn sie nicht innehalten, diese Verhaltensmuster unterbrechen und nach Heilung für die eigenen Verletzungen suchen.

Eine Möglichkeit besteht darin, in Gedanken den Täter oder die Täterin als Kind zu betrachten. *Wie ging es ihr/ihm im Alter von zwei oder drei Jahren? Was hat er/sie erlebt und erlitten?* Möglicherweise kann man dann auch darüber weinen, was diesen in ihrer Kindheit angetan wurde. Auch das kann im Blick auf die eigenen Verletzungen sehr heilsam sein.

Die Trauer über den Schmerz, den die Täter erlitten haben, kann auch die eigenen Wunden ein Stück weit heilen.

Folgende Fragen, die zum Perspektivwechsel verhelfen können:

- An was leidet dieser Mensch?
- Wo sind seine Wunden?
- Was hat er/sie wohl selbst an Schlimmem erlebt?
- Was würde ich ihm/ihr wünschen?
- Wohin könnte er/sie sich entwickeln?

Konrad Stauss gibt den Rat, sich selbst stellvertretend für die Täter einen oder mehrere Briefe zu schreiben.[56] Inhalt dieser Briefe sollte sein: Die Täter erzählen, wie es ihnen bei und nach der Tat ging; die Täter schildern die Konsequenzen für sich selbst; die Täter formulieren, dass es ihnen leidtut. Im letzten Brief bitten die Täter die Opfer um Vergebung. Die Opfer stellen zum Schluss dieses Prozesses, der einige Zeit dauern kann, ein Zertifikat der Vergebung aus. Sie formulieren es aus, lesen es möglicherweise unter Zeugen vor und geben diesem Brief einen besonderen Ort.

»Vergebung wird oft als Schwäche gewertet, aber Vergebung bewirkt paradoxerweise, dass das Opfer in eine Position der Stärke kommt. Nur das Opfer hält nämlich den Schlüssel zur Vergebung in der Hand.«[57]

Wenn Heilung geschehen ist, kann in einem weiteren Schritt auch das Beten für Täter helfen, souveräner zu werden und sich aus den emotionalen Verwicklungen zu lösen. So finden Menschen heraus aus der passiven Opfer-Rolle und können neue Sicherheit und neue Handlungsmuster gewinnen. Wer für Täter, für Feinde beten und sie segnen kann, ist nicht mehr Opfer.

Dies ist aber niemals am Anfang eines solchen Weges richtig, da es die Opfergefühle und die Verletzungen weiter verstärken kann. Man könnte es auch so ausdrücken: Wer für Täter beten kann, ist heil geworden. Es ist ein Zeichen von Heilung, wenn das möglich geworden ist.

Was ist mit eigener Schuld?

Was aber nun, wenn Menschen schuld sind am Tod oder der Behinderung eines anderen, zum Beispiel durch einen Unfall, eine Unvorsichtigkeit oder durch Abtreibung? An solch einer Schuld kann man so schwer tragen, dass man fast daran zerbricht. Ein solches Erlebnis kann eine tiefe Lebenswunde, auch eine Traumatisierung sein. Die Selbstanklagen und Vorwürfe können das Leben verdunkeln oder auch zu Verzweiflungstaten wie Selbstverstümmelung oder Selbstmord führen.

Auch Traumatisierungen können wieder schuldhaft weitergetragen werden. Opfer werden häufig selbst wieder zu Tätern, wenn sie die Erlebnisse, die sie als Kind hatten, in der eigenen Familie wieder neu inszenieren. Manche Mütter oder auch Väter reagieren im Erziehungsprozess oft sehr heftig und verstehen sich dabei manchmal selbst nicht. Sie werden durch das Verhalten der Kinder zu ihren eigenen Verletzungen zurückgetriggert und dabei an ihren eigenen Kindern schuldig.

Ein Vater berichtet davon, dass er immer wieder ausrastete, wenn seine Kinder ihren Teller nicht leer aßen. Er schrie sie an, manchmal schlug er sogar zu oder sperrte ein Kind mit seinem Teller in ein Zimmer ein, bis der Teller leer gegessen war. Er hatte dabei manchmal vor sich selbst Angst, dass er dem Kind noch etwas Schlimmeres antun könnte. Manchmal waren es nur Kleinigkeiten, wie zum Beispiel ein unaufgeräumtes Zimmer, eine nicht gemachte Hausaufgabe, ein bestimmter Blick, ein provozierendes Wort, und dann rastete er aus und brüllte nur noch herum. Gleichzeitig aber schämte er sich für dieses Verhalten und hasste sich dafür.

Als er seine eigene Lebensgeschichte anschaute, entdeckte er, dass genau das Gleiche mit ihm immer gemacht worden war, wenn er sich beim Essen so verhalten hatte. Zunächst war ihm das nicht bewusst gewesen. Erst als er seinen eigenen Schmerz, seine Angst als Kind, seine Wut über die Unterdrückung seiner Gefühle zulassen und betrauern konnte und heil wurde, verschwand sein unangemessenes Verhalten den eigenen Kindern gegenüber.

Bis dahin aber war er an seinen Kindern zum Täter geworden, hatte Schuld auf sich geladen. Für den Vater lautete die Erkenntnis: Wenn ich mein Kind schlage oder anschreie, schreie ich eigentlich mich selbst an. Ich setze das Erleben von früher mit dem eigenen Kind fort und bestrafe mein inneres Kind weiter. Oft war im Hintergrund dann eine Stimme zu hören, die dem eigenen Kind sagte: Dir darf es auch nicht besser gehen als mir.

Auch an dieser Geschichte wird deutlich, dass es oft nicht Böswilligkeit ist, die Eltern zu einem solchen Verhalten treiben, sondern eigene Verletzungen.

So werden Opfer tatsächlich auch immer wieder zu Tätern und laden damit Schuld auf sich. In vielen Lebensbereichen sind Menschen oft eben beides: Opfer und Täter.

Für den Teil, wo Menschen zu Tätern werden, braucht es Vergebung, Heilung der Gefühle und Entlastung der Seele von Schuld. Wie kann man sich dann mit seiner Lebensgeschichte aussöhnen?

Selbst wenn Menschen sich zunächst – möglicherweise aus verständlichen Gründen – nicht vergeben können, ist Gottes Zusage von Vergebung eindeutig: Keine Schuld ist so groß, dass Gott sie nicht vergeben könnte. Er nahm unsere Schuld auf sich, er hat sich aus Liebe auf uns Menschen eingelassen, hat den Weg in den Tod am Kreuz gewählt, um uns einen Ausweg aus der Dunkelheit unseres Lebens anzubieten. Durch seine Auferstehung hat er alles Negative und Belastende weggeräumt und uns einen Weg frei gemacht zur Vergebung und zum Neuanfang.

»Die Strafe liegt auf ihm, auf dass wir Frieden hätten, und durch seine Wunden sind wir geheilt« (Jesaja 53,5).

Dies gilt gerade solchen Menschen, die sich selbst nicht vergeben können oder wollen. Alle verzweifelten Vorwürfe und Selbstanklagen dürfen bei Christus abgelegt werden. Er kann und will auch die schwerste Schuld wegnehmen und die verletzte Seele heilen und neu aufrichten. Christus hat alle Schuld mit in seinen Tod genommen. Weil er auferstanden ist, dürfen Schuldbeladene nochmals von vorne beginnen.

»Das Blut Jesu, seines Sohnes, macht uns rein von aller Sünde. Wenn wir sagen, wir haben keine Sünde, so betrügen wir uns selbst, und die Wahrheit ist nicht in uns. Wenn wir aber unsre Sünden bekennen, so ist er treu und gerecht, dass er uns die Sünden vergibt und reinigt uns von aller Ungerechtigkeit« (1. Johannes 1,7-9).

Das gilt jedem Menschen, egal, wie groß und schwer die Schuld ist. Wenn sie vor Gott bekannt wird, vergibt er. Das Sterben von Jesus und seine Auferstehung ist Garant für die Gültigkeit der Vergebung. Schuld, die sich Täter selbst nie verzeihen könnten, kann Christus wegnehmen und in »die Tiefen des Meeres werfen« (Micha 7,9). Lasten, die nicht mehr tragbar sind, will er abnehmen. Das dauernde Kreisen um sich selbst und eigenes Versagen kann aufhören. Gott möchte davon befreien.

Manchmal braucht es zur Vergewisserung der Vergebung andere Menschen, die im Namen Jesu diese Vergebung und Entlastung zusprechen. Im Aussprechen und Benennen der Schuld vor einem Zeugen wird die Tat nochmals mehr wahr, aber genauso auch die Vergebungszusage.

Auch in solchen Prozessen kann die oben beschriebene Technik des Gedankenstopps greifen. Täter müssen sich nicht mehr quälen und ständig selbst beschuldigen, sondern dürfen Frieden erfahren. Gerade wenn es vor Zeugen ausgesprochen wurde, kann die Seele immer wieder auch dorthin zurückgeführt werden, wo die Befreiung zugesprochen wurde. So kann die Seele bei Christus zur Ruhe kommen. Den herabziehenden und selbst beschämenden Gedanken darf Einhalt geboten werden. *Es stimmt, dass ich das getan habe, aber nun ist es weg, es ist bei Christus und es ist vergeben.*

Wer so eine Erfahrung von Vergebung macht, wird dann auch zu seiner Schuld stehen können. Schuld muss nicht mehr verdrängt oder verleugnet werden.

Das bedeutet:

- Wem vergeben ist, der steht zu seinen Taten.
- Wo jemand gegen das Gesetz verstoßen hat, wird er den Weg der Selbstanzeige gehen können. Solch ein Schritt kann sehr entlastend sein.
- Wem vergeben wurde, der kann auch um Vergebung bitten. Es ist ein Akt von Souveränität und der zurückgewonnen Würde, wenn Täter zu den Opfern gehen und ohne Rechtfertigungsversuche um Vergebung bitten.
- Ein äußeres Zeichen der Ernsthaftigkeit dieser Bitte kann auch eine Wiedergutmachung oder eine Entschädigung sein, die Bereitschaft, Schadensersatz oder Schmerzensgeld zu zahlen. Andere engagieren sich, wenn direkte Entschädigung nicht möglich ist, in sozialen Projekten oder in Stiftungen, um auf diese Weise Leid zu lindern, das Menschen durch ähnliche Taten zugefügt wurde.
- Es gibt – wie oben bereits ausführlicher beschrieben – Täter-Opfer-Ausgleich-Gruppen. Für Täter und Opfer kann die Teilnahme an einer solchen Gruppe eine sehr heilsame Wirkung haben. Täter haben die Möglichkeit, um Vergebung zu bitten und die Ernsthaftigkeit ihrer Reue zu zeigen.

  Aber die Teilnahme an einer solchen Gruppe ist keine Voraussetzung für Vergebung. Und umgekehrt braucht ein Opfer nicht die Entschuldigung der Täter, um sich mit dem Geschehen auszusöhnen. Es kann helfen, ist aber nicht Bedingung dafür.

4.

Heilung braucht Zeit

Heilung braucht Zeit. Das wissen alle, die schon mal tief verletzt wurden. Interessanterweise ändert die Zeit, die darüber hinweggeht, auch die Perspektive, mit der Verletzte auf die Wunden schauen. Sie ordnen sie neu ein, anders als am Anfang. Je öfter sie daran denken oder darüber reden, desto eher kann es auch gelingen, dass sie einen versöhnlicheren oder distanzierteren, nüchterneren Blick auf die Wunden bekommen. Mit jedem Erzählen wird die Erinnerung etwas anders, souveräner abgespeichert.

Meistens ist es so, dass nach einiger Zeit Wunden nicht mehr ganz so sehr schmerzen wie in der ersten Zeit direkt danach.

Viele machen die Erfahrung, dass sich nach Krisen, Verlusten und Verletzungen das Leben in einer neuen, anderen und auch vielschichtigeren Weise als vorher entfalten kann.

Durchstandene Krisen und geheilte Wunden machen nicht schwächer oder ärmer, sondern lassen wachsen und reifen. Aber das braucht Zeit.

Vulkaninseln können dafür ein gutes Bild sein.

Ein Vulkanausbruch zerstört sehr vieles. Verletzte und leblose Erde ist das Ergebnis. So fühlen Menschen sich nach manchen Lebenskrisen: ausgebrannt und tot. Doch schon nach wenigen Jahren entsteht auf einer Vulkanlandschaft erstes Leben. Flechten wachsen, die wiederum den Boden für weitere Vegetation liefern. Die darunterliegende Lava ist eine fruchtbare Grundlage für weiteres Wachstum. So ist das im Leben auch. Wo zunächst alles nur tot und zerstört aussieht, erkennen Menschen im Rückblick eine Grundlage für intensives Wachstum. Aber bis es so weit ist, kann es Jahre dauern.

So kann und will Gott auch in einem verletzten oder anscheinend zerstörten Leben aus der verbrannten Erde Neues wachsen lassen. Das, was zunächst wie das Ende erscheint, hoffnungslos und zukunftslos, war schon – so erkennen viele im Rückblick – die Grundlage für eine neue Zukunft.

DAS DAZWISCHEN

Aber trotzdem sehen viele am Anfang erst nur die tote Erde. Man könnte die Zeit nach einem Verlust oder einer Verletzung auch als »Dazwischenzustand« bezeichnen.

Sie wissen noch nichts von dem, was einmal wachsen wird auf dem jetzt Zerstörten. Sie sehen nur den Verlust. Und dennoch ist es ein »Dazwischen« – zwischen dem bisherigen Vertrauten und dem neuen Unbekannten.

Paul Tournier[58], ein Schweizer Psychoanalytiker, beschrieb diesen Zustand mit einem Bild:[59] Ein Fußgänger will eine Straße überqueren. Am Anfang läuft er schnell und am Schluss auch, aber in der Mitte der Straße zögert er. Am Anfang kann er noch schnell zur Ausgangsposition zurück, falls ein Auto kommt. Die alte Straßenseite gibt ihm noch Halt. Hat er die Mitte bereits überquert, kann er schnell auf die neue Straßenseite zugehen, wenn sich Gefahr nähert. Aber in der Mitte des Weges, da überfällt ihn Unschlüssigkeit und Unsicherheit: *Wohin soll ich gehen, nach vorne oder nach hinten?* Diese Unsicherheit macht Angst.

Krisen bedeuten: Wir sind mitten drin in einem Prozess, der Weg zurück ist so gut wie immer versperrt, alles Kommende verunsichert. Zwischen beiden Stützen, wo das Vertraute nicht mehr zu uns gehört und das Neue noch nicht erreicht ist, ist Angst, Unsicherheit und Haltlosigkeit. »In der Wegmitte liegt eine Zone der Ungewissheit, wo die Seele zwischen zwei sich widersprechenden Einflüssen steht und gespalten ist«, so Paul Tournier.[60]

Das gilt gleichermaßen für Trauerprozesse als auch für Heilungswege, bei denen die alten Muster aufgedeckt und zum Teil schon verlassen wurden. Aber die neuen Muster sind noch nicht vertraut.

Kritische Fragen von sich selbst oder von anderen stellen sich, oft sind Vorwürfe oder Schuldgefühle dabei. Die Verunsicherung stellt das bisherige Leben auf den Prüfstand und erst recht das jetzige. Wenn Menschen sich mitten im Lebensstrudel befinden, verlieren sie oft auch den Kontakt zu sich selbst, vielleicht auch zu Gott und zu wichtigen Fragen des Lebens.

Wenn sie aus dem normalen täglichen Gewühle und Getriebe herausgerissen werden, wenn sie verletzt werden, wenn sie ohne das Bisherige dastehen, treffen solche existenzielle Fragen schlagartig mit großer Wucht. Gerade wenn es durch Tiefen oder Wüsten geht, zeigt sich, auf welchem Fundament das Leben steht.

In den Sturmzeiten des Lebens werden die Fundamente tiefer gelegt. Unterschiedlichste Gefühle und Fragen kommen dann zum Vorschein.

- Was ist mit mir los?
- Was genau macht mir Angst, was verunsichert mich?
- Wo muss ich alte Stützen loslassen, um neue Erfahrungen machen zu können?
- Wo bin ich herausgefordert?
- Wo muss ich mich hinterfragen?
- Welche Motive leiteten mich bisher, sind diese noch richtig?
- Warum war das Bisherige so wichtig?
- War es vielleicht auch zu wichtig?
- Wofür bin ich dankbar?
- Was möchte ich als Schatz der Erinnerung festhalten?

- Was kann stattdessen jetzt möglich sein?
- Kann ich es ersetzen oder will/muss ich die Lücke aushalten?
- Will dieser Abbruch oder Verlust mich auf eine ganz neue Aufgabe vorbereiten?

Vor dem Dazwischen kann man nicht fliehen, der Weg geht mitten hindurch. Aber solche Zeiten sind wie Wüstenstrecken. Viele biblische Geschichten erzählen von Menschen, die Bisheriges verlassen mussten. Sie gingen in die Wüste, in die Zone der Ungewissheit, in die Verunsicherung. Sie mussten Vertrautes verlassen, manche haben sich verwundet in der Wüste wiedergefunden und dann in solchen Durststrecken wesentliche Erfahrungen gemacht. Die Wüste nimmt alle Sicherheiten. Verlässliche Nahrungsquellen und sichere Schlafplätze sind nicht automatisch verfügbar. Und in den Wüstenzeiten des Lebens ist es ja genauso. Bisherige Sicherheiten sind ganz oder teilweise weg. Andererseits werden Menschen in der Wüste neu beschenkt durch die Begegnung mit Gott und auch mit sich selbst.

Hagar machte eine solche Erfahrung (1. Mose 21,9ff.). Sie wurde in die Wüste geschickt, weil Sara die Gegenwart von Hagar und Ismael nicht mehr ertragen konnte. Hagar geriet in eine lebensbedrohliche Situation. Sie war verzweifelt, Wasser und Nahrung waren ihr ausgegangen, sie sah keinen Ausweg mehr. Gerade in dieser Situation machte sie eine Gotteserfahrung der besonderen Art. Ein Engel versorgte sie mit Wasser und Nahrung und gab ihr eine Verheißung (V 18), die ihre Seele wieder aufrichtete.

Diese Geschichte kann beispielhaft für Erfahrungen im Dazwischen stehen. Die »Wegmitte« bringt Ängste, Unsicherheit, Hohlräume, Leerläufe mit sich. Unangenehme Gefühle wie Schmerz, Trauer, Langeweile, Sinnlosigkeit oder Einsamkeit gehören dazu. Grundsätzliche Fragen tauchen auf. Aber es eröffnet sich auch ein Weg nach vorne in die Zukunft.

Die Zukunft ist die neue Straßenseite. Je weiter Menschen auf die neue Seite hinübergehen, desto mehr entdecken sie auch die darin verborgenen neuen Chancen.

Aber bevor das Neue kommt, müssen wir das Alte aufgeben. Nicht umgekehrt. Wir hätten es gerne andersherum. Wir wünschen uns, dass wir zuerst das Neue ergreifen und dann das Alte leichter loslassen können. Aber genauso ist es eben nicht im Leben. Wir müssen immer zuerst das Alte loslassen und durch diese Zone der Ungewissheit in der Wegmitte hindurch, uns mit der Verletzung auseinandersetzen.

Paul Tournier sagt dazu: »Das Morgen gleicht dem Gestern nicht und daraus entsteht Angst für das Heute. Jeder Gegenwartsaugenblick ist eine Wegmitte zwischen Vergangenheit und Zukunft.«[61]

Jedes Loslassen, jeder Umbruch bedeutet immer ein wenig Sterben. Aber Bleiben und Festhalten wirkt sich ähnlich aus. Wo Veränderung angesagt ist und wir festhalten wollen, ist dies auch wie ein Sterben. Die Zukunft stirbt, die Veränderung kommt nicht zum Zug. Wir bleiben kleben und in Altem verhaftet. Wir bleiben stehen, statt uns fortzubewegen, werden unbeweglich und starr. Wenn wir die Vergangenheit nicht loslassen, werden wir nicht offen für die Zukunft.

Immer wieder kann man solches »Sterben« bei Menschen beobachten, die sich in unguter Weise aneinander gebunden haben.

Eine Tochter (etwa Mitte 40) lebt noch immer bei der Mutter, obwohl sie längst erwachsen ist und ein eigenständiges Leben führen könnte. Sie sieht aus wie die jüngere Kopie der Mutter, trägt die gleiche Frisur wie die Mutter, kleidet sich wie die Mutter, spricht wie die Mutter, bewegt sich wie die Mutter.

Beide haben sich so aneinandergekettet, weil sie sich vor der Verletzung schützen wollen, die entstehen könnte, wenn sie sich voneinander lösen und eigene Wege gehen würden.

Wie schade für beide. Beide haben sich den Schmerz des Loslassens, die unangenehme Zone der Wegmitte erspart. Beide sind auf der »alten«, vertrauten Straßenseite geblieben. Der Weg auf die andere Seite hinüber schien zu gefährlich, zu verletzend.

So haben sie nie die Chance des Neuen entdeckt, sich nie die verunsichernden Brachzeiten zugemutet, in denen wichtige innere Prozesse in Gang kommen.

Das Neue wäre anders, sicher besser als das Vorige geworden – aber die unangenehme Zone der Wegmitte, in der keine Stütze da ist, in der alles ungewohnt ist, hätten sie sich gegenseitig zumuten müssen.

Angst vor der Wegmitte kann eine Rolle spielen, wenn Menschen Besitz nicht loslassen, sich von Gegenständen nicht trennen können, ein Zimmer oder einen Haushalt nicht auflösen wollen. Dabei schwingt immer die Verunsicherung oder Angst mit, dass wir etwas verlieren, was Sicherheit vermittelt. An Gegenständen hängen Erinnerungen, die sich mit deren Wegwerfen verlieren.

Die Angst vor der Wegmitte kann sich auch in der Unfähigkeit zeigen, sich für eine neue Arbeitsstelle oder für eine Beziehung zu entscheiden.

Die Angst vor der Wegmitte kann auch daran hindern, sich auf einen Heilungsprozess einzulassen, sich die eigene Lebensgeschichte oder die Verletzungen im Leben anzuschauen.

In der Wegmitte fehlen wichtige Stützen, Gewohnheiten brechen weg, Rituale sind verloren gegangen, ein Gesprächspartner fehlt, eine Aufgabe ist nicht mehr.

Das Dazwischen kann dauern. Aber es ist dennoch ein Dazwischen. Irgendwann kommt dann der Aufbruch zur anderen Seite. Am Anfang vielleicht noch vorsichtig und unsicher, aber mit der Zeit werden diese Schritte sicherer.

Wie lange es braucht, dass Menschen heil werden, kann individuell sehr verschieden sein.

Nach einem Todesfall spricht man nicht umsonst vom Trauerjahr. Das bedeutet aber nicht, dass nach einem Jahr alles wieder gut ist. Der Schmerz kann immer wieder aufbrechen, die Einsamkeit – vor allem nach dem Tod eines Ehepartners – bleibt lange.

Der Schmerz um den Verlust der Gesundheit oder einer Arbeitsstelle oder einer erfüllenden Aufgabe kann lange begleiten. Genauso das Heimweh nach verlorenen Orten. Oft treffen Menschen in ihrem Umfeld auf wenig Verständnis für längere Trauerprozesse, es sei denn, ihr Gegenüber hat so etwas selbst durchlitten. Mit Unverständnis müssen sich Trauernde deswegen oft zusätzlich noch auseinandersetzen und manche Ratschläge auch von sich weisen.

Ärgerlicherweise hat auch eine amerikanische Expertenkommission[62] nun vorgegeben, wie lange ein Trauerprozess zu dauern hat. Diese Experten, allesamt Psychologen und Psychiater, haben vorgeschlagen, dass Trauer dann als depressive Störung einzuordnen sei, wenn die typischen Trauersymptome länger als zwei Wochen andauern.[63] Für alle, die schon einmal selbst durch Trauerprozesse hindurch mussten oder andere darin begleitet haben, klingt diese Empfehlung wie ein Hohn. Denn damit können Trauernde, die auch nach sechs Wochen noch reduziert leben und reagieren, als psychisch krank diagnostiziert werden.

Verletzte Menschen werden oft missverstanden. Das kann zusätzlich verletzen. Letztlich signalisiert die Seele selbst oder spürt es, wann es Zeit ist weiterzugehen. Darum ermutige ich dazu, sich beziehungsweise der Seele die Zeit zu geben, die sie braucht, um Trauerprozesse abzuschließen. Auch wenn Mitmenschen oder »Experten« damit nicht gut umgehen können oder anderer Meinung sind.

JAKOB AM JABBOK

Eine besondere Erfahrung im Dazwischen hat Jakob erlebt.[64] Er hatte seinen Bruder um das Erstgeburtsrecht und dann auch noch um den Erstgeburtssegen betrogen.

Die Wut seines Bruders Esau war so groß, dass er Jakob ermorden wollte. Darum musste Jakob um sein Leben fürchten und floh. Nach vielen Jahren in der Fremde möchte Jakob sich mit seinem Bruder aussöhnen und macht sich auf den Weg. Aber Jakob hat große Angst vor der Rache seines Bruders.

Auf diesem Weg kommt er an eine Furt, um den Fluss Jabbok zu überqueren. Er weiß, dass auf der anderen Seite das Land seines Bruders beginnt.

Die Nacht verbringt er noch auf der sicheren, auf der alten Seite, bevor er sich ins neue Unbekannte aufmachen will. Doch dann stellt sich ihm ein Bote Gottes entgegen, der mit ihm die ganze Nacht ringt.

Jakob wird von diesem Boten gefragt: »Wie heißt du?« (1. Mose 32,28). Eine interessante Frage. Denn bevor Jakob sich auf die Flucht begab, hatte er seinen wahren Namen verleugnet und sich Esau genannt. Das war Teil des Betrugsszenarios. Nun wird von ihm Ehrlichkeit verlangt. Man könnte auch sagen, in der Wegmitte zwischen dem Alten und Neuen werden ihm grundsätzliche Fragen gestellt: Wie heißt du? Oder auch: Wer bist du?

Jakob antwortet ehrlich, er nennt seinen richtigen Namen und bekommt von dem Boten Gottes einen neuen Namen: »Du sollst nicht mehr Jakob heißen, sondern Israel« (V 29). In der Wegmitte wird sozusagen der Weg nach vorne geöffnet, eine Verheißung ausgesprochen.

Und Jakob erbittet sich den Segen von diesem Boten und bekommt ihn auch. Aber in dem Kampf mit dem Boten Gottes wird Jakobs Hüfte verrenkt. Von da an hinkt Jakob bei jedem Schritt. Das bedeutet: Bei jedem Schritt wird er an diese besondere Stunde des Segens erinnert.

Was für eine interessante Geschichte: Die Verletzung, Blessur, wird zum Segen, zum »Blessing« (Englisch für Segen).

Was Jakob hier erlebt, kennen viele Menschen aus eigener Erfahrung. Das, was verletzt, kann zur Segensstunde werden. Die schweren Zeiten lehren uns, was wirklich wichtig und wesentlich im Leben ist.

Ich möchte es persönlich so formulieren: Die traumatische und zutiefst verunsichernde Erfahrung, die ich gemacht habe, als ich meinen Vater durch einen Verkehrsunfall verloren habe, ist für mich im Rückblick zur Segensstunde geworden. Oft wurde ich in meinem Leben durch Erschreckendes, Verunsicherndes an den Rückweg von der Beerdigung erinnert. Immer verknüpft mit der Frage: Was ist dieser Verlust im Vergleich zu Sterben, Tod und Ewigkeit? Oder auch: Lohnt es sich jetzt, hier zu streiten, hier zu trauern, sich aufzuregen? Und die Antwort? An manchen Stellen lohnt es sich schon, aber an vielen gar nicht.

Jedes Mal, wenn ich an diese Verletzungsstunde erinnert wurde, wurde ich auch mit Grundsätzlichem konfrontiert: Auf was kommt es an im Leben? Worauf kann ich wirklich bauen? Was ist verlässlich? Was hat Ewigkeitsqualität und was nicht? So wurde mir die Verletzung, die Blessur, zum Segen, zum Blessing. Denn ich wurde immer und immer wieder auf die Ewigkeit und das Wesentliche verwiesen.

HILFREICHE RITUALE

Im Dazwischen brauchen wir hilfreiche Rituale.

Rituale stabilisieren. Sie können zu einem Geländer werden und damit der Seele Sicherheit vermitteln.

Ein Kennzeichen von Ritualen ist der Charakter der Wiederholung. Das bedeutet, es wird etwas wieder hergeholt, wieder angeschaut, aber auch wieder abgelegt. Somit helfen Rituale dabei, sich etwas in Erinnerung zu rufen und auch etwas zu beenden. Beides kann man nicht voneinander trennen. Menschen brauchen Rituale und sie brauchen Orte, an denen sie diese vollziehen und gestalten können.

Besonders schwer ist die Gestaltung dann, wenn Angehörige um Vermisste trauern. Wenn man Menschen nicht beerdigen kann, weil sie verschwunden sind und niemand weiß, wo sie sind, oder weil sie bei einem Flugzeugabsturz, einer Verschüttung oder in einem Brand ums Leben kamen und die Leichen nie geborgen werden konnten, dann findet die Seele nicht zur Ruhe. Es gibt keinen Ort der Erinnerung. Und oft auch keine Erklärung für den Tod und was die Ursachen dafür waren. Hinter der verzweifelten Suche nach Vermissten bei Katastrophen steckt die Sehnsucht nach Beendigenkönnen. Die Seele muss es abschließen können. Darum wird auch so oft nach den Schuldigen gefragt, damit die Seele eine Erklärung für den Schrecken hat.

In allen Erfahrungen von Verlusten, Verletzungen und Traumatisierungen können (selbst gestaltete) Trauerorte und Rituale helfen, dem Geschehen eine Gestalt, einen Namen, einen Ort, eine Bezeichnung zu geben.

Das Ergebnis anschauen

Die Umstände des Verlustes oder der Verletzung müssen in eine Erklärungsform gegossen werden können. Die Seele muss das Ergebnis sehen beziehungsweise benennen können, damit Frieden einkehrt. Hilfreich kann dazu sein, sich das Geschehen entweder aufzuschreiben oder sich als inneren Film vorzustellen:

- Wer sitzt jetzt an meinem Arbeitsplatz?
- Wie haben die Nachbesitzer das Haus umgebaut?
- Wie sieht der Ort nach der Zerstörung aus?
- Was hat dieses Ereignis ausgelöst?
- Was geschah genau bei diesem Todesfall?
- Musste er oder sie leiden?
- Gab es letzte Worte oder Grüße? Wenn es einen Abschiedsbrief gibt, ist es wichtig, diesen zu lesen und seine Aussagen auf sich wirken zu lassen.
- Wie sieht er/sie als Toter aus? Wenn diese Frage nicht beantwortet werden kann, braucht es andere Rituale des Abschiednehmens, zum Beispiel ein Foto aus jüngerer Vergangenheit.
- Was für Gründe hatte er oder sie, einfach so alles hinter sich zu lassen?
- Wo ist der/die Verstorbene jetzt?

Im Fall eines Todes (auch nach einer Abtreibung) geschieht Trost immer auch durch das Wissen um einen sicheren Ort für den Verstorbenen.[65] Denn dann kann die Seele zu Ende denken: *Wo ist er oder sie jetzt? Geht es ihm oder ihr dort besser als vorher?*

Innere Bilder helfen, den Verlust wahr sein zu lassen und die Seele an die Hand zu nehmen, um ihr das »Ergebnis« zu zeigen. *So sieht es jetzt aus* oder: *So ist es nun.*

Trauerort

Sich zu Hause oder in der Natur einen Trauerort oder eine Klagemauer einzurichten mit einem Bild oder einem Gegenstand, der den Verlust bezeichnet, kann helfen, mit schweren Erfahrungen umzugehen.

- Ein Trauerort darf und soll zuerst ein Klageort sein. Dieser kann sich im Verlauf eines Trauerprozesses immer wieder verändern, er darf und soll umgestaltet werden. Irgendwann oder schon von Anfang an kann auch ein Hoffnungszeichen darin auftauchen: eine Kerze, ein Kreuz, ein Bild. Ein Kreuzigungs- oder Auferstehungsbild zeigt, dass der verwundete Jesus dafür einsteht, dass Wunden heil werden dürfen.
- An diesem Ort darf auch etwas geschehen: mit Töpfermaterial oder Zeichenmaterial die Verletzungen zeichnen, eine Geschichte schreiben. All das kann Jesus hingehalten werden. Man kann alles in eine Schachtel packen und vergraben, verbrennen, fortwerfen. Durch eine solche äußerliche Handlung wird sichtbar, wie mit dem Geschehen umgegangen werden kann: *Ich werde selbst aktiv, ich gestalte den Prozess.* Man kann auch einen oder mehrere Steine nehmen und bemalen oder beschriften und bewusst am Kreuz oder an einer Kerze unter einem Bild ablegen.

Gemeinschaftsrituale

Eine Beerdigung ist ein wichtiges Trauerritual. Sie hat einen ähnlichen Charakter wie eine Taufe oder eine Hochzeit. Durch den öffentlichen Akt wird deutlich: Hier beginnt nun ein neuer Abschnitt. Ein geliebter Mensch ist gegangen, die Hinterbliebenen sind von nun an auf sich gestellt, sie müssen ihr Leben ganz neu organisieren. Die Anteilnahme anderer kann eine Hilfe sein: »Du bist hier nicht allein, wir gehen ein Stück des Weges mit dir. Wir verabschieden uns von dem Verstorbenen und setzen damit ein Zeichen der Wertschätzung für diesen Menschen.«

Die gelesenen Bibeltexte, die Predigt und die Lieder können Ankerpunkte für die Seele werden, die dann auch in den kommenden Wochen und Monaten immer wieder Halt verschaffen. Die Erinnerung daran kann Horizonte über der Trauer aufreißen, Hoffnungspunkte setzen, auf die man sich immer wieder berufen kann.

Familienrituale können Trost schaffen: sich am Todestag oder Unfalltag/Ereignistag zu Hause oder am Grab versammeln, über den Verstorbenen oder die Veränderung reden, miteinander einen Psalm beten, sich dankbar oder auch kritisch zurückerinnern.

In einer Firma, einem Betrieb, einer Organisation oder einem Verein sind öffentliche Rituale der Trauer ebenfalls sehr hilfreich. Manche machen die Erfahrung, dass sich nach einem Todesfall oder Unglücksfall eine große Hilflosigkeit oder eine unangenehme Sprachlosigkeit breitmacht. Dem kann entgegengewirkt werden mit einem Kondolenzbuch, einer Kerze oder einem Bild des/der Betroffenen. Es kann auch eine Tafel oder ein Baum aufgestellt werden, an den Zettel mit Worten oder Ereignissen, für die man dankbar ist, angeheftet werden können. So kann etwas in Worte gefasst und ein gemeinschaftliches Ritual vollzogen werden.

Zu Beginn eines Trauerprozesses denkt man normalerweise nur positiv über Verstorbene, man idealisiert und überhöht sie, hat ein schlechtes Gewissen, wenn einem Fehler der Verstorbenen einfallen. Gegen Ende des Trauerprozesses sieht man die Verstorbenen wieder realistischer, nüchterner, kann abwägen, weiß, was gut und schön an ihnen war. Auch deren Schwachstellen und Grenzen, Versäumnisse dürfen wieder erwähnt werden. Zum Heilungsprozess gehört dazu, dass die Überhöhung von Verstorbenen wieder aufhört.

Umgekehrt gilt auch: Nach einer Scheidung, Trennung oder Verletzung denkt man anfänglich nur negativ über die Verursacher. Wenn Heilung der Verletzungen geschieht, kann auch wieder Raum sein für positive Erinnerungen und Dankbarkeit. Auch das ist dann ein Zeichen von Heilung.

JA ZUM HIER UND JETZT

Nach Leiderfahrungen, Frustrationen oder persönlichem Versagen spielen viele erst einmal »Zeitmaschine«: Menschen gehen zurück in die Vergangenheit und meinen, sie hätten das Geschehen beeinflussen können: *Wenn ich dies oder das getan oder gesagt hätte, dann wäre das nicht passiert.* Oder: *Wenn ich ihn noch fünf Minuten aufgehalten hätte … – Wenn wir uns für einen anderen Urlaubsort entschieden hätten … – Wenn wir einen anderen Arzt aufgesucht hätten … – Hätte ich doch besser aufgepasst. – Gott hat mich vergessen. Dass der andere nicht mehr lebt, ist die Strafe für mein Fehlverhalten.*

Solche Gedankenspiele sind am Anfang ganz normal und gehören zunächst zu jedem Verlust oder Veränderungsprozess dazu. Sie sind Teil des Dazwischens. Aber wenn diese Gedankenlabyrinthe uns stunden- und tagelang beschäftigen, verhindern sie zum einen das Trauern und später dann auch das Vorwärtsgehen, denn das Ergebnis sind Schuldgefühle oder Vorwürfe. Darum müssen solche Gedankenspiele beendet werden, ihnen muss ein Stopp gesetzt werden. Was passiert ist, ist passiert. Wir können nicht mehr zurück in das Vorherige. Grübeln und Verhinderungsfantasien helfen nicht weiter.

Viele Prozesse und Entwicklungen des Lebens können wir überhaupt nicht beeinflussen, schon gar nicht den Todeszeitpunkt eines Menschen. Wir Menschen haben »keine Macht über den Tag des Todes« (Prediger 8,8). Wir stehen hilflos und schwach vor vollendeten Tatsachen und können nichts daran ändern. Gott setzt Anfang und Ende und nicht wir. Mit unserem Sorgen und Planen, Vorwürfen und Anklagen können wir in solche Abläufe nicht eingreifen. Menschen sterben – das sage ich aus ganz persönlicher Betroffenheit – nicht an einer Krankheit oder einem Unfall oder an schuldhaftem Verhalten eines Menschen, sondern nach dem Willen Gottes.

Aber auch andere Ereignisse wie zum Beispiel eine Krankheit, berufliches Scheitern oder Probleme der Kinder können in solche Grübelphasen führen. Wer daran festhält und diese permanent zulässt, kann nicht zu einem neuen Aufbruch finden. Das dauernde Kreisen um sich selbst oder das Geschehen kann so zur Gewohnheit werden, dass man das Loslassen oder die Vergebung Gottes als störenden Eingriff in den gewohnten negativen Gedankenzirkel auffassen würde.

Alles, was oft getan oder gedacht wird, legt eine sogenannte neurologische Bahn im Gehirn an. Je öfter diese Bahn befahren wird, desto breiter wird sie, bis sie schließlich eine Art neurologische Autobahn geworden ist. Worte, Gedanken und Taten ziehen also eine »Furche«. Je häufiger wir etwas tun oder denken, desto schneller rutschen wir schon bei kleinsten Auslösern in diese Bahnen. Sie werden zu Gewohnheiten oder sogar zur Sucht. Gerade in Leiderfahrungen ist die Gefahr, sich nur noch damit zu beschäftigen, besonders groß. Die Technik des Gedankenstopps[66] kann uns nun helfen, den Gedanken oder Tätigkeiten eine neue Richtung zu geben und den inneren Raum des Herzens wieder frei zu bekommen.

Wer dauernd in Schuldzuweisungen oder Gedankenkonstrukten festhängt, wie man es hätte verhindern können, belastet sich damit permanent. Wer dagegen zu der Erkenntnis kommt, dass er in das alte Leben nicht zurückkann und jetzt aus der momentanen und zukünftigen Situation das Beste machen muss, kann auch in Leid und Verlusten der eigenen Seele Wege weisen, wie sie anders damit umgehen kann.

Dabei kann der Glaube eine ganz entscheidende Rolle spielen. Wenn Menschen ihr Leben in der Beziehung zu Christus gestalten, dann erweitert sich die Deutungsmöglichkeit des Lebens um ein Vielfaches.

Dann können Menschen bei allem, was geschieht, immer auch fragen: *Was will Gott mir dadurch sagen?* Oder auch: *Was ist Gottes Sichtweise über diesem Geschehen? Wie denkt er über mich? Wie bewertet er mein Leben? Woher beziehe ich meine Würde?*

Eine dankbare und gelassene Gottesbeziehung ist Grundbedingung für gelingendes und heilendes Leben. Wer sich in der Hand eines liebenden Vaters weiß, wird Erlebnisse anders deuten, als wenn das Leben ohne Gott gestaltet wird. Ohne diese Grundgeborgenheit bleibt vieles sinnlos, aber in der Beziehung zu ihm erhalten auch die schweren Stunden einen Sinn und die Schuldzuweisungen und Selbstvorwürfe können aufhören.

Gerade in Leid oder Katastrophen des Lebens ist es eine ungeheure Hilfe, wenn Gottes Wahrheiten Macht im Leben gewinnen und sich so Neues gestalten kann. Wenn Menschen von dem her leben und denken, was Gott für sie getan hat und was er schenken will, bekommen sie eine neue Sicht auf das Leben.

DANKBARKEIT

Jede Verwundung der Seele ist von Prozessen des Loslassens und Empfangens begleitet. Das, was nicht mehr zu uns gehört, egal, ob Mensch, Tätigkeit, Ort, Fähigkeit oder Gegenstand, soll dankbar und wertschätzend in die eigene Lebensgeschichte einsortiert werden. Beim Verlust eines Menschen hilft es, wenn man diesen am richtigen Platz weiß – egal nun, ob der Verlust durch den Tod oder andere Umstände verursacht ist.

Er, sie oder es war für eine gewisse Wegstrecke ein wichtiger Teil meines Lebens. Dieser Abschnitt ist nun beendet, aber er gehört in meiner Erinnerung weiter zu mir und meinem Leben dazu. Was wichtig war, ist nicht weg, sondern vergangen. Ich gehe nun weiter ohne das Bisherige, aber ich kann dankbar darauf zurückblicken.

Wenn wir etwas verabschieden, dann doch das, was wir zuvor auch empfangen haben. Wir dürfen und sollen darum auch die guten Zeiten des Lebens genießen, uns an all dem Schönen, das wir haben, freuen. Gott schenkt uns das Leben, Mitmenschen, schöne Erlebnisse und auch gewisse materielle Sicherheiten, damit wir darüber zum Danken und Loben finden. Dankbarkeit richtet sich an einen Geber, der uns beschenkt, an einen liebevollen himmlischen Vater, der es gut mit uns meint.

Gerade wenn uns das Gute verloren geht, kann der dankbare Blick zurück auch eine Hilfe sein, mit Verlusten und Verletzungen anders umzugehen.

Je größer die Trauer um den Verlust ist, desto größer war ja auch das Geschenk, das wir hatten. Gerade auch beim Verlust eines Menschen kann es eine große Hilfe sein, dankbar an die gemeinsame Zeit zurückzudenken und gleichzeitig über den Verlust zu weinen: Erinnerungen an die letzten Stunden, Tage, Wochen, die letzten Worte, den letzten Blick, den letzten wachen Moment. Erinnerungen an Orte mit besonderen Erlebnissen.

Ein Erinnerungs-Album der gemeinsamen Zeit mit Briefen und Fotos kann sehr wertvoll sein. Dabei vergegenwärtigen wir uns immer wieder all das Gute, das wir durch diesen Menschen erfahren haben, und können gleichzeitig alle Gefühle zulassen, Schmerz und Trauer oder das Gefühl: *Der oder die Verstorbene ist ganz nah bei mir. Ich kann ihn oder sie fast körperlich spüren.* Oder: *Ich kann mit ihm oder ihr reden und werde verstanden.* Oder: *Es ist so, als ob er oder sie jeden Moment zur Tür hereinkommt und sich zu mir setzt, um mit mir zu reden oder mich zu umarmen.*

Gerade besondere Festtage sind für Trauernde schwer auszuhalten. An solchen Tagen kann es besser sein, sich Zeit für sich allein nehmen, um mit Vergangenem umzugehen und sich dankbar an schöne Erlebnisse zu erinnern und darüber zu freuen.

Solche Erinnerungsmomente sind Schutzräume, denn sie ermöglichen ein Gegengewicht zu dem Schmerz, eine Pause in der Trauer, eine Erholung für die Seele. Im nächsten Moment sind die Erinnerungen dann wieder von intensivem Schmerzerleben und Tränen begleitet. Auch das ist gut und richtig so. Wir dürfen Trauer und Klagen zulassen. Ja, wir brauchen es.

Wenn wir Schmerz zulassen und über den Verlust weinen, wird der Verstorbene oder das Verlorene in unsere Gegenwart mithineingenommen: Wir denken dankbar zurück an die Zeit, die wir mit ihm dort hatten. Wir können auch kommende Erlebnisse in Beziehung setzen zu dem Verstorbenen: *Wenn er oder sie jetzt dabei wäre, dann würde er oder sie so und so handeln oder Folgendes sagen*. Wir müssen nicht alles allein entscheiden, sondern können dies auch mit und für den Verstorbenen tun.

Die Dankbarkeit für das Gewesene kann sich auch auf Aufgaben oder Orte beziehen. *Wenn ich jetzt noch dort wäre, dann wäre das jetzt so oder so.*

> *Erinnerung ist das Paradies, aus dem wir nicht vertrieben werden können.*
> Jean Paul

Die Dankbarkeit ist wie ein Spiegel der Tiefe, die wir durchschritten haben. Vieles nehmen wir nicht mehr so selbstverständlich hin. Wir können uns mehr an Kleinigkeiten freuen, empfinden manches intensiver als zuvor.

Dankbarkeit kann gerade auch beim Verlust eines Menschen zu neuen Aufbrüchen helfen. Die bisherigen, gewohnten und vertrauten Formen des Umgangs sind nicht mehr möglich, diese muss ich loslassen. Aber die dankbaren Erinnerungen sind noch da und gehören als fester Bestandteil meines Lebens zu mir.

> *Die Dankbarkeit verwandelt die Erinnerung*
> *in eine stille Freude.*
> Dietrich Bonhoeffer

Im Rückblick werden wir vielleicht sogar sagen können: »Ich danke Gott für diese schwere Zeit.« Zu dieser Erkenntnis müssen wir aber immer selbst kommen, das können andere uns nicht sagen. Das wäre lieblos und zu allem Leid noch zusätzlich verletzend. Erst im Rückblick erkennen wir den Sinn solcher Zeiten: *Ohne diese Krise wäre ich nicht zur Besinnung gekommen.* Oder: *Ohne diese Krankheit hätte ich Gott nicht kennengelernt.* Oder: *Im Rückblick erkenne ich, dass diese Verletzung in meinem Leben meine Rettung war.*

GEMEINSCHAFT

Menschen brauchen einander. Gerade im Leid ist es gut, wenn wir Mitmenschen haben, die sich uns zur Seite stellen und unseren Weg begleiten.

Das können Freunde sein, Mitchristen, die uns tragen und für uns beten. Wir sind nicht allein gelassen, andere treten für uns ein im Gebet. Sie begleiten uns, fragen nach und freuen sich mit uns bei Besserung oder Trost und leiden mit uns, wenn es uns schlecht geht. Diese Erfahrung der Gemeinschaft mit anderen Menschen kann zutiefst dankbar und demütig machen.

Verheiratete erleben den Ehepartner oft als hilfreiche Stütze. Es ist ein Geschenk, wenn der Ehepartner mitträgt, mitleidet, mitbetet, segnet, unterstützt. Das Versprechen, das in der Trauung vor Gott gegeben wurde, bewährt sich in solchen Zeiten ganz besonders: einander treu zu bleiben, bis der Tod uns scheidet.

Hilfreich können auch Selbsthilfegruppen sein, egal, ob nun für Missbrauchte, Alkoholkranke, Traumatisierte, Trauernde, Eltern von kranken Kindern etc.

Die Erfahrung in solchen Gruppen ist die: Wo ich vorher oft nur Unverständnis oder wenig hilfreiche Ratschläge zu hören bekam, treffe ich nun auf Menschen, die mich verstehen. Sie haben Ähnliches erlebt und erlitten. Sie sind vielleicht schon ein paar Schritte weiter als ich und machen mir Hoffnung, dass ich in einem halben Jahr anders dastehen werde als jetzt gerade.

WEISER UMGANG AN JAHRESTAGEN

Wenn sich Jahrestage von schlimmen Ereignissen nähern, reagieren manche Menschen mit sehr intensiven Emotionen. Das ist zunächst normal. Allein das zu wissen, kann schon bei der behutsamen Gestaltung solcher Tage helfen. Man sollte sich nicht selbst überfordern, aber andererseits sich den Erinnerungen auch stellen.

Manche machen emotional eine schwere Zeit durch, wenn sie in das gleiche Alter kommen wie Vater, Mutter, Ehepartner, als er oder sie gestorben ist oder ein traumatisches Erlebnis hatte. Der Todeszeitpunkt der Angehörigen spielt für viele eine Rolle für das eigene Lebensempfinden. Manche erleben in sich eine tickende Uhr, verbunden mit der Frage: Werde ich wohl älter werden als er oder sie? In dem Moment, wenn der Zeitpunkt überschritten ist, kommt die Uhr zum Stillstand. Gegen solche inneren Uhren, Gedanken oder Gefühle kann man nichts machen. Aber es ist gut zu wissen, dass das völlig normal ist.

Ähnlich kann es sein, wenn man als Kind missbraucht wurde. Wenn die eigenen Kinder in das Alter kommen, in dem der erste Missbrauch an einem selbst geschah, kann es sein, dass manche Frauen oder Männer aufs Äußerste alarmiert sind, vielleicht auch hilflos oder verunsichert. Wenn bis dahin keine Heilung geschehen ist, kann es auch sein, dass Frauen oder Männer unbewusst dahingehend wirken, dass das eigene Kind nun auch missbraucht wird.

Es ist gut, sich das bewusst zu machen und dann dieses unbearbeitete Thema aktiv anzugehen und nach Hilfe zu suchen. Gerade Trauma-Erfahrungen der Kindheit sollen ja nicht in die nächste Generation getragen werden. Die Verletzungsgeschichte soll gestoppt werden. Deswegen sollte man solche Zeiten der Verunsicherung zum Anlass nehmen, sich auf den Weg zu machen, um Heilung zu erfahren.

FUTUR ZWEI

Schöne Zeiten, Orte der Freude, Geschenke von Freundschaft stehen immer unter dem Zeichen des Vorläufigen. Sie sind kein fester Besitz, den wir für immer haben. Irgendwann kommt der Tag, an dem wir uns von solchen vertrauten und lieb gewordenen Erfahrungen, von solchen sicheren Orten oder von Menschen wieder lösen müssen. Solche Prozesse können sehr schwer sein.

Aus eigener Erfahrung kenne ich das sehr gut. Für schwere Zeiten habe ich ein hilfreiches biblisches Prinzip entdeckt. Ich nenne es gern »Futur zwei« beziehungsweise »Zweite Zukunft«. Formulierungen in der deutschen Grammatik von Futur zwei lauten ungefähr so: »Wenn Sie dieses Buch zuklappen werden, werden Sie hoffentlich ein paar interessante und hilfreiche Gedanken zum Weiterdenken gelesen haben.« Oder: »Wenn Sie heute Abend ins Bett gehen, werden Sie hoffentlich einen guten Tag gehabt haben.«

Diese Formulierung geht also einen zeitlichen Weg mit uns. Sie schaut mit uns in die Zukunft und aus der Zukunft in die mittlere Zukunft zurück.

Diesen Weg gehe ich mit meiner Seele in schwierigen Zeiten. Dann sage ich zu mir: »Jetzt hast du gerade eine schwere Zeit. Aber denke daran, wie oft Gott dich schon aus schweren Zeiten wieder herausgeführt hat und du im Rückblick erkannt hast, wozu diese so schwere Zeit auch gut gewesen ist und dass sogar Segen darin verborgen war.«

Das tröstet. Ich weiß zwar nicht, wie Gottes Segen sich gestalten wird und was ich daraus lernen werde, aber ich weiß, dass es so sein wird.

Psalm 42,6 drückt es so aus: »Was betrübst du dich, meine Seele, und bist so unruhig in mir? Harre auf Gott; denn ich werde ihm noch danken, dass er mir hilft mit seinem Angesicht.«

Ja, unruhige und verwirrte Zeiten der Seele gibt es, aber nun machen diese Psalmworte genau diesen Weg von Futur zwei mit der Verheißung: Es wird eine Zeit kommen, wo du ihm wieder danken wirst und seine Hilfe erkennen wirst. Wir dürfen in solchen Zeiten die eigene Seele an die Hand nehmen. Paul Gerhardt macht dies in seinen Liedern immer wieder vor: »Auf auf mein Herz mit Freuden« (EG 112) – »Geh' aus mein Herz und suche Freud« (EG 503) – »Du meine Seele singe« (EG 302).

Damit wir in solchen schweren Zeiten nicht in Verzweiflung fallen und nur noch den Verlust sehen und die Zukunft nicht nur in düsteren Farben malen, können wir uns immer auch fragen: Auf was schaue ich mehr – auf das Schwere und den Verlust oder auch auf das, was kommen wird?

Der Blick in die Zukunft kann helfen. So wie das Schöne vorläufig und nie letzter Besitz ist, ist auch das Schwere vorläufig.

Wer gerne wandert oder spazieren geht, erlebt solche inneren Vorgänge immer wieder ganz plastisch: Im Gehen lassen wir den Weg und die Landschaft, die zuerst vor uns war, hinter uns.

Etwas Neues kommt auf uns zu, wird aber im Gehen für einen Moment zur Gegenwart und dann wieder Vergangenheit. Wir sind zwischen dem Alten und dem Neuen, zwischen Vergangenem und Zukünftigem und verbinden beides miteinander. Und wenn wir in der Zukunft angekommen sind, schauen wir auf das Vergangene anders zurück. Das Zurückliegende sieht dann auch anders aus als zuvor, als wir noch mitten drin waren. Dies zeigt auch folgendes Zitat:

> *Im allgemeinen Rhythmus des christlichen Lebens schließen sich Entfaltung und Verzicht, Verhaftung und Loslösung keineswegs aus. Im Gegenteil: sie stehen im Einklang wie das Einatmen und das Ausatmen der Luft im Spiel unserer Lungen.*
> Teilhard de Chardin

DAS HERZ IM HIMMEL VERANKERT

Der Hebräerbrief nimmt das Bild des Wanderns wieder auf: »Denn wir haben hier keine bleibende Stadt, sondern die zukünftige suchen wir« (Hebräer 13,14).

Dieser Blick gibt eine andere Perspektive auf unser Leben. »Perspektive« heißt wörtlich Durchblick. Von der Ewigkeit her auf das Heute und Hier zu schauen, gibt uns andere Definitionen und Deutungen – auch für manches Schwere. Die biblischen Bilder der Ewigkeit können trösten. In der Bibel wird der Blick dafür geöffnet, dass Gott unter uns »wohnen«, wörtlich »zelten« wird (Offenbarung 21,3). Ganz nah wird er bei uns sein, es wird kein Leid mehr geben, kein Geschrei, keinen Krieg und keine Wunden mehr, keine Unterstellungen und üble Nachrede mehr, keine Verleumdung und keinen Hass unter den Menschen.

Wir werden dort mit Verletzungen und Lebenswunden ankommen. Aber dann wird Gott uns die Tränen abwischen (Offenbarung 21,4). Er wird uns tiefer trösten, als wir das hier auf der Erde je erfahren haben, und wir werden erleben, was wahres Glück ist. Alle irdischen Glückserfahrungen sind nur ein kleiner Vorgeschmack auf das Glück, das wir dort erleben werden. Wenn wir hier Glück erleben, können wir weiter denken: In der Ewigkeit wird das Glück unvergleichlich größer sein – unvorstellbar. Unser Leben wird erfüllt sein. Wir werden Frieden haben, Ruhe bei Gott. Das Zerbrochene und Kaputte wird von uns abgefallen sein. Wir werden mit Gott im Gespräch sein, werden ihn von Angesicht zu Angesicht sehen. Wir werden tiefes Geliebtsein erfahren und von tiefer Dankbarkeit erfüllt sein.

Das ist das Ziel, auf das wir zugehen – und alles, was wir hier auf dieser Welt an Leid erleben, wird nichts sein im Vergleich zu der Herrlichkeit, die wir dort erleben werden.

Paulus schreibt in Römer 8,18: »Denn ich bin überzeugt, dass dieser Zeit Leiden nicht ins Gewicht fallen gegenüber der Herrlichkeit, die an uns offenbart werden soll.«

Er benützt dabei das bereits erwähnte Bild einer alten Waage mit zwei Schalen. In die eine Waagschale wirft er dann bildlich gesprochen unser persönliches Leid, unsere Verletzungen. Es kann sein, dass die Waage dadurch völlig aus dem Gleichgewicht gerät. Doch dann legt er in die andere Waagschale die zukünftige Herrlichkeit und wieder gerät die Waage aus dem Gleichgewicht, aber in die andere Richtung. Paulus kommt zu der Schlussfolgerung: Die zukünftige Herrlichkeit ist so viel gewichtiger, dass das persönliche Leid im Vergleich dazu »federleicht« wird. Er sagt damit nicht, dass der persönliche Schmerz weg ist oder nicht ernst genommen werden soll, sondern dass die zukünftige Herrlichkeit um so vieles gewichtiger und bedeutsamer ist als unser persönliches Leid.

Die beste Konsequenz, die wir daraus ziehen können: unser Herz im Himmel verankern und mit beiden Füßen fest auf dem Boden bleiben. Wer sich auf die Ewigkeit freut, der kann erst richtig leben. Und der kann meist auch mit den schweren Erfahrungen besser umgehen.

5.

Wie helfen wir anderen?

Immer wieder stehen nicht wir, sondern andere Menschen in unserem persönlichen Umfeld vor gewaltigen Herausforderungen.

Oft fühlen wir uns verpflichtet zu helfen oder zu stützen. Das ist grundsätzlich nicht schlecht. Aber Hilfe darf nie aufgezwungen werden oder dazu führen, dass wir uns über andere stellen oder sie sogar bevormunden.

Wir können nicht die Probleme anderer Menschen lösen, sondern wir können begleiten, ein Stück Weg mit ihnen gehen, verstehen, manches erklären und zu eigenen Entscheidungen verhelfen.

Wer andere Menschen begleitet, muss auch auf die eigenen Grenzen achten. Auch Begleiter können überfordert sein von dem, was ihnen erzählt wird. Manche Berater können auch traumatisiert werden durch das, was sie an Schicksalen zu hören bekommen. Darum ist es gut, genau zu prüfen, auf welche Prozesse und Begleitung man sich einlassen kann und will. Wer selbst Heilung erfahren hat, auch nach schweren Verlusten oder Traumata, ist immer besser gewappnet als Menschen, die nicht wirklich mitfühlen oder sich einfühlen können.

Das Allerwichtigste, was wir anderen Menschen mitgeben können, ist Hoffnung. Das öffnet den Blick über den eigenen oft dunklen Horizont hinaus.

Aus Begleitung nach Traumata, Trauer oder Verlusten kann langfristig auch Freundschaft werden. Aber es darf nie das erste Ziel sein. Hilfe sollte immer die Betroffenen als Erste im Blick haben und nie den eigenen Nutzen, den man daraus ziehen könnte.

MITLEIDEN STATT MITLEID

Hiob ist von schwerem Leid betroffen. Er hat all sein Vieh verloren, danach alle seine Kinder und zum Schluss wurde er selbst schwer krank. Seine Frau riet ihm nach alldem, seinen Glauben an den Nagel zu hängen.

Dann kommen drei Freunde zu Hiob, um ihn in seinem Leid zu begegnen.

Wie schnell wären wir da mit guten Ratschlägen bei der Hand, wollten trösten, helfen, den anderen rausholen aus seinem seelischen Loch. Doch die Freunde Hiobs reden nicht und das sieben Tage lang. Das muss man erst mal aushalten (Hiob 2,13). Sie sind nur da, teilen ihre Zeit.

Das kann oft viel hilfreicher sein als schnelle Worte. Rat-Schläge können auch Schläge sein.

Eine Seelsorgerin besuchte Eltern, deren Kind tödlich verunglückt war. Sie erzählte von der zutiefst erschütternden Situation. Sie wusste nicht, was sie den Eltern sagen sollte, ohne diese zusätzlich durch vorschnelle Worte zu verletzen. So schwieg sie und weinte mit den Eltern. Als sie sich verabschiedete, bedankte sich die Mutter mit den Worten: »Danke, dass Sie nichts gesagt haben, das war der größte Trost.«

Schweigend die Last der anderen zu tragen, für sie zu beten und von Gott Wendung zu erwarten, ist oft viel hilfreicher.

Was soll man auch sagen, wenn man vor unfassbaren Unglücken steht? Schnelle Worte sind oft nichts anderes als Abwehr von Schmerz und Leid. Dies gilt auch für Seelsorger und Therapeuten: »Das Mitgefühl für den Patienten hat die stärkste Wirkung in einem therapeutischen Prozess.«[67]

Menschen, die andere in schweren Zeiten begleiten, machen die Erfahrung, dass es nicht leicht ist, das Leid der anderen auszuhalten.

Oft erzählen diese immer und immer wieder dieselben Geschichten. Für die Betroffenen ist das wie eine Leitlinie oder eine Stütze, aber für die Zuhörer kann das auch ätzend oder belastend sein: *Schon wieder muss ich mir diese Geschichte anhören* ... Wer wirklich mitleidet, erleidet auch das.

Wenn Trauernde oder Menschen in Krisen begleitet werden, ist es gut, manchmal einfach nur ein Stück Weg mit ihnen zu gehen: für sie einkaufen oder einen Blumenstrauß vorbeibringen, einen Kuchen backen, mit den Kindern der Betroffenen etwas unternehmen, eine Karte schenken, zu einem Konzert einladen.

Eine Frau, die vergewaltigt wurde, erzählte: Unsere Freunde schenkten uns einen gemeinsamen Urlaub in einem schönen Hotel am Strand. Das half uns in unserer Ehe, wieder in Ruhe zueinanderzufinden und uns – auch im sexuellen Bereich – wieder aneinander freuen zu können.

Mit Hilfsangeboten sollten wir sehr sensibel umgehen, damit wir andere nicht überfrachten oder mit unserer Hilfe zusätzlich belasten. Wir dürfen ihnen nicht unseren Willen oder unsere Ideen aufzwingen, sondern sollten fragen, welche Wege wirklich trösten und helfen.

Nicht zu unterschätzen ist die Wirkung von Fürbitte für andere Menschen. Persönlich habe ich es immer wieder erlebt, wie heilsam und stärkend es war, wenn andere für mich oder für uns gebetet haben. Wenn man von Leid betroffen ist, hat man oft keine Worte oder keine Kraft mehr zum Beten. Wenn dann andere für einen eintreten, ist das ein großer Schatz und Reichtum. Umgekehrt gilt auch: Wenn wir für andere in Not beten, ist das ein Dienst der Liebe, den wir an diesen tun.

VERSTÄNDNIS STATT RATSCHLÄGE

Appelle an Verletzte, Traumatisierte oder Trauernde sind nicht hilfreich: »Geh zur Kur oder zur Kirche.« Oder: »Komm wieder mit zum Kegeln.« – Oder: »Lenke dich ab, mach was Lustiges.« Oder: »Jetzt reiß dich mal zusammen.« In solchen Ratschlägen zeigt sich oft die Hilflosigkeit von Menschen, die selbst noch nie wirklich schweres Leid erlebt haben und darum einfach nicht verstehen können, wie tief der Schmerz sitzt. Darum wissen sie auch nicht, dass solche Ratschläge nicht weiterhelfen, sondern verletzen. In Trauergruppen sind Ratschläge verboten. Und das ist gut so.

Auch gut gemeinte Tröstungen können sehr verletzend sein. Eine Frau erzählte mir: *»Bei der Beerdigung meines Mannes kam ein Ehepaar zu mir und sagte: ›Alle Dinge müssen denen, die Gott lieben, zum Besten dienen.‹«* Und sie fuhr dann fort *»Ich weiß ja, dass der Satz stimmt, aber in meiner Situation hat mich das tief verletzt. Ich fühlte mich überhaupt nicht verstanden, weggestoßen in meinem Leid.«*

Noch schlimmer sind Sätze wie: »Dein Glaube war falsch.« Oder: »Du hast einen zu kleinen Glauben. Wenn du richtig gebetet hättest, wärst du nicht in diese Krise geraten.« Oder: »Auf eurer Familie liegt ein Fluch, deswegen ist das alles passiert.« Was für eine Anmaßung, so etwas zu behaupten.

Wenn solches gesagt wird, ist dies vollkommen unbiblisch. Neben vielen anderen Berichten ist Hiob das beste Beispiel dafür, dass wir auch trotz Glauben und Gottesliebe in Leid gestürzt werden können. Tiefe Zweifel an Gott plagten ihn. *Warum lässt Gott das zu?* Diese Frage hat er sich viele Male gestellt, er konnte sich nur noch selbst beklagen und hatte keine Freude mehr am Leben.

Wer anderen sagt, sie hätten einen falschen Glauben, wird schuldig an ihnen. Neben dem erfahrenen Leid kommt dann auch noch der Zweifel an sich selbst und an Gottes Allmacht dazu. Manche Gemeinden wenden sich sogar von Leidtragenden ab, weil sie das Leid als Beweis für deren Gottesferne ansehen.

Wirkliche Hilfe im Leid sind nicht die Starken oder Besserwisser, sondern solche, die selbst um ihre Hilflosigkeit und Bedürftigkeit wissen, die ähnliche Erlebnisse aus eigener Erfahrung kennen und die darum verstehen, mitleiden, ein Stück Weg mitgehen können.

Die können dann auch fragen:

- Was wünschen Sie sich?
- Wohin soll der Weg gehen?
- Gibt es ein Gegenbild zu diesem Schreckensbild?
- Wie würde es sich anfühlen, wenn es wieder gut wäre?
- Was wäre anders, wenn das Problem weg wäre?
- Können ich oder andere hier unterstützen? Und wenn ja, wie?

HILFE ZUR SELBSTHILFE

Manche Menschen meinen, sie müssten den Leidtragenden, egal, ob das nun Missbrauchte sind, Ratsuchende, Trauernde oder Flüchtlinge, das zurückgeben, was sie verloren haben.

Grundsätzlich ist es nicht schlecht, ein offenes Haus und ein offenes Herz für andere Menschen zu haben.

Aber Beziehungen müssen immer von Gegenseitigkeit getragen sein, von einem Geben und Nehmen.

Sobald Beziehungen zwischen Erwachsenen einseitig werden, immer nur eine Seite gibt, hilft und tröstet, entstehen falsche Abhängigkeiten oder unerfüllbare Forderungen.

Dies ist auch ein wichtiger Gedanke für die Seelsorge. Manche meinen, nur sie seinen fähig, einem Menschen wirklich zu helfen. Oft sagen die Ratsuchenden das dann auch so: »Noch nie hat mir jemand so gut geholfen wie Sie.«

Das schmeichelt einerseits dem Seelsorger, andererseits ist es gefährlich, denn das kann zu Allmachtsfantasien beim Berater oder der Beraterin führen und zur Verstärkung der Opferhaltung bei Ratsuchenden und zu falschen gegenseitigen Abhängigkeiten.

Manche Ratsuchenden bitten sogar um Aufnahme in das Haus des Beraters oder der Beraterin. Sie wollen dort mitleben, wieder Kind sein oder auf dessen/deren Schoß liegen und von ihm/ihr gestreichelt oder getröstet werden. Sie meinen, so etwas nachholen zu können, was ihnen als Kind gefehlt hat.

Solchen Wünschen zu entsprechen, ist nicht gut. Denn das führt zu falschen emotionalen Bindungen, zur Degradierung und Entmündigung des/der Ratsuchenden. Sie werden wieder zum Kind gemacht und klein gehalten. Letztlich können Menschen nicht ersetzen, was diesen gefehlt hat. Es muss in ihnen heil werden. Sie müssen ihrer Seele selbst Wege zum Trost zeigen oder sich von Christus zeigen lassen. Das ist die Aufgabe von Beratung, mit den Ratsuchenden zusammen danach zu suchen, was diese mündig und stark macht, was ihnen hilft, Alleinsein sinnvoll zu gestalten, wie Kontakte zu anderen gleichwertig gestaltet werden können.

Häufig wird Seelsorge missverstanden in dem Sinn, dass die Probleme der Ratsuchenden von den Seelsorgern oder Therapeuten gelöst werden sollen.

Das funktioniert nicht. Das schafft nur Abhängigkeiten.

Seelsorger können helfen, dass Ratsuchende sich selbst besser verstehen, dass sie ihre Themen sortieren können. Seelsorger können helfen, dass Ratsuchende klarer sehen, dass sie das Problem analysieren können und auch entdecken, wo der Weg in Zukunft langgehen kann.

Seelsorger können helfen zu entlasten, sie können Gebet oder eine Möglichkeit zur Beichte anbieten, sie können den Blick auf die Verheißungen und Hoffnungen wenden, die Gott für unser Leben bereithält.

In den letzten Jahren sind viele Flüchtlinge zu uns gekommen. Viele Ehrenamtliche sind in der Integrationshilfe tätig. Auch Flüchtlinge dürfen nicht entmündigt werden. Dies passiert dann, wenn man alles für sie tut, ihnen jeden Weg abnimmt und ihnen keine Entscheidungen zutraut.

Integrieren können sie sich nur selbst. Migranten, Menschen, die heimatlos zu uns kommen, sind in einer schwierigen Situation. Häufig sind sie traumatisiert durch das Erleben von Krieg und Terror und die damit verbundenen Verluste. Sie verstehen oft die Sprache nicht und die Kultur ist ihnen fremd. Es ist gut, wenn dann Menschen da sind, die erste Schritte mit ihnen gehen, die Übersetzungsarbeit leisten. Nicht nur sprachlich, sondern auch kulturell. Viele brauchen auch Therapie im Blick auf die erlittenen Traumata.

In diesem Zusammenhang ist es gut, wenn Helfer wissen, wie sich posttraumatische Belastungsstörungen (PTBS) äußern.[68] Denn viele Flüchtlinge leiden darunter. In akuten Situationen von Schock oder PTBS ist es wichtig, diesen zu helfen, dass sie in die Gegenwart zurückkehren können: Stopp setzen mit Körperimpulsen und positiven Gegenbildern, Rückwärtszählen, sich ablenken mit einem Spiel, etwas ausrechnen oder Sudoku machen, ein akustisches Signal (zum Beispiel eine Glocke, Stimmgabel, eine Trommel), ein Fenster öffnen oder ein Glas Wasser holen.

Ziel bei aller Hilfe soll immer sein, dass die Personen langfristig fähig werden, selbst Verantwortung für sich und falls vorhanden ihre Familien zu übernehmen. Jede Hilfe soll Hilfe zur Selbsthilfe werden.

Trauernde sind dankbar, wenn sie nicht allein gelassen werden, aber das Trauern selbst kann ihnen niemand abnehmen.

Wenn der Ehepartner verstorben ist oder sich getrennt hat, erwarten die Zurückgebliebenen oft von ihren Kindern oder Freunden, dass diese ihnen die Einsamkeit wegnehmen oder die Trauer aufwiegen. Aber damit ist jeder Mensch überfordert. Es ist auch nicht ratsam, sich dann sofort in die nächste Beziehung zu stürzen, nur um nicht allein sein zu müssen.

Ohne Betrauern des Verlustes sind Menschen nicht fähig zu einer neuen Beziehung, weil diese dann immer mit falschen Erwartungen überfrachtet ist. Grundsätzlich ist es so, dass Menschen nur beziehungsfähig sind, wenn sie es auch mit sich alleine aushalten können. Kein Mensch kann die Defizite eines anderen aufwiegen, kein Mensch kann dessen tiefste Sehnsüchte erfüllen. Nur wer in sich stabil ist, nur wer gern bei sich selbst zu Hause ist, ist auch wirklich beziehungsfähig.

Was Angehörige nicht leisten können, kann in Trauergruppen oder Selbsthilfegruppen besser geschehen: Sie haben Ähnliches erlebt, sie können nachfühlen wie es dem/der anderen gerade geht. Sie können einander anrufen oder einladen, sie können sich innerlich solidarisieren. Solche Anteilnahme kann tröstlich und auch heilsam sein.

Durch die Anteilnahme und das Anteilgeben lernen Verletzte voneinander. Was anderen geholfen hat, kann einem selbst möglicherweise auch zur Hilfe werden. Wer durch Trauerprozesse durchgegangen ist, wer Einsamkeit in ihrer ganzen Bitterkeit erlitten hat, wer es gelernt hat, es auch dann noch mit sich selbst auszuhalten und darin Gott zu begegnen, der ist durch Leid gereift.

Was sich in solchen Stunden ereignet und an Erkenntnissen eröffnet, können andere Menschen nicht bieten. Aber sie können einander dabei helfen, einen Weg durch solche Täler hindurch zu finden.

Die Antworten, die Menschen in Trauerprozessen und Einsamkeit finden, sind die Antworten, die später auch zu den tragenden Fundamenten des Lebens werden können.

Aber auch das braucht Zeit.

6.

Der Nutzen von Verletzungen

Die lebensverändernde Kraft von Krisen, Verlusten und Scheitern ist auch Gegenstand eines neuen Forschungsgebietes der Psychologie: posttraumatisches Wachstum.[69] Die Ergebnisse bestätigen, dass es wahrscheinlicher ist, dass Menschen an Krisen und Verletzungen wachsen, als dass sie daran zerbrechen. Viele Eigenschaften wie Mitgefühl, Weisheit, Hilfsbereitschaft und auch Kreativität werden oftmals erst durch Verletzungen und Krisen zum Leben erweckt.

Egal, wie die Verletzung aussieht, Menschen finden nur dann zu neuen Aufbrüchen, wenn sie »Ja« sagen zu dem, wie das Leben jetzt aussieht. Man muss willens sein, sich auf diesen Prozess der Veränderung einzulassen, der durch Verletzungen und Verluste entstanden ist. Genau dies ist der Unterschied zwischen solchen Menschen, die durch Krisen und Verletzungen aus der Bahn geworfen werden, und solchen, die gestärkt daraus hervorgehen.

Dies kann, je nachdem wie tief die Erschütterung unserer Seele war, lange Zeit dauern. Je tiefer Menschen betroffen sind, desto mehr Zeit brauchen sie dafür, aber das Ziel wird sein, das Neue zu akzeptieren.

Irgendwann kommt der Zeitpunkt, an dem wir sozusagen »auf der anderen Straßenseite« angekommen sind.

Wir gewinnen in dem bisher unvertrauten neue Sicherheit, wir gewöhnen uns an das Neue. Die Tagesabläufe gestalten sich vielleicht komplett anders als zuvor. Neue Freundschaften werden möglich. Bisher unentwickelte Talente entfalten sich, neue Aufgaben kommen auf uns zu. Wir können wieder positiv an die Zukunft denken, wieder Pläne machen, eigene Schritte wagen, uns wieder am Leben freuen, ja sogar zufrieden werden mit dem, wie es jetzt ist.

Durch Krisen gewinnen Menschen auch eine neue Sichtweisen auf das Leben, einen realistischeren, ehrlicheren, weisen Blick: Das Leben ist nicht so, wie ich es mir vorstelle, aber es ist deswegen nicht schlechter für mich, sondern eben anders. Zum Leben gehören auch die Schattenseiten, Schwierigkeiten und der Tod dazu. Trotzdem sind in all dem Gottes Weisheit und seine Liebe am Werk. Er liebt mich auch in den Tiefen und hält mich.

Für manche Veränderungen sind Menschen vielleicht auch im Rückblick dankbar.

Eine Schlange muss sich häuten, um weiterleben zu können. Sie muss die alte, zu eng gewordene Haut abstreifen, um zu wachsen. Solche »Häutungen« brauchen Menschen manches Mal auch in ihrem Leben: zum Beispiel eine neue Arbeitsstelle oder eine neue Aufgabe, ein ehrenamtliches Engagement, die Entdeckung eines neuen Hobbys, das Kennenlernen neuer Menschen, eine Veränderung im Kommunikationsstil in der Ehe oder anderen Menschen gegenüber.

Verletzungen und Umbrüche können dann wie ein Katalysator wirken, damit diese Prozesse in Gang kommen.

Auch in der Selbsteinschätzung bringen Verletzungen und Krisen eine Veränderung mit sich. Solange im Leben alles funktioniert und alle Vorstellungen und Pläne in Erfüllung gehen, sind Menschen manchmal in der Gefahr, zu selbstsicher oder sogar selbstgerecht zu werden oder vielleicht auch Gott nicht zu brauchen.

Wo wir aber an unsere Grenzen geführt werden, werden wir demütig. Vielleicht sind wir entsetzt darüber, wie wir uns in schwierigen Situationen verhalten haben: *Dass ich so hysterisch werden kann, hätte ich nicht von mir gedacht.* Oder: *Ich habe im ersten Moment nur an mich gedacht und schäme mich dafür.* Oder:

Durch diese Krise wurde mir bewusst, dass ich viel zu sehr auf mich fixiert war, meine oberste Priorität war nicht Gott, sondern meine Selbstverwirklichung.

Durch Krisen und Leid werden wir ehrlicher und echter, verlieren Selbstüberschätzung und Stolz.

Dadurch werden wir auch barmherziger mit anderen Menschen.

Wenn es uns gut geht, sind wir oft schnell in unserem Urteil über andere. Wir haben kein Verständnis für deren Probleme. Doch wenn wir selbst in schwierige Zeiten kommen, wenn uns die Kraft fehlt, Sicherheiten wegbrechen, Ereignisse uns fassungslos machen, verstehen wir andere Menschen besser. Weil wir nun selbst in ähnliche Situationen geraten sind, fühlen wir uns nicht mehr berechtigt, über diese zu richten oder herzuziehen, ja vielleicht schämen wir uns über manches Urteil, das wir früher vorschnell gefällt haben.

Wir bekommen eine neue Sicht auf Gott. Gott ist nicht der Automat, in den wir oben ein Gebet einwerfen und unten kommt das Ergebnis nach unseren Wünschen heraus. Gott handelt oft anders, als wir uns das wünschen.

Er ist selbst der Leidende, der den Weg durch Einsamkeit in Gethsemane und im Gefängnis, durch Verachtung, Verspottung bis in den Tod am Kreuz gegangen ist. Darum kann er uns gerade im tiefsten Leid ganz besonders nah sein. Kein Leid ist so groß, dass Christus nicht bei uns sein kann, uns trösten und mit uns durch das finstere Tal gehen und uns aus den Dunkelheiten und Ängsten unseres Lebens auch wieder herausführen kann.

Christus hat mit unserem Leben ein Ziel und will in guten und schweren Zeiten bei uns sein. Er will, dass wir uns immer wieder neu für ihn öffnen und dadurch reifen und wachsen.

Dazu gehören auch die schmerzhaften Prozesse, aber Christus möchte mit uns sein – bis zum Schluss.

> *Siehe ich bin bei euch alle Tage bis an der Welt Ende.*
> Matthäus 28,20

Bei Gott ist das Leid nie das Letzte.

Das Letzte ist die Herrlichkeit, zu der wir eingeladen sind und auf die wir zugehen dürfen.

Literatur

Sabine Bode. Kriegsspuren. Die deutsche Krankheit. German Angst. Klett-Cotta, Stuttgart 2016.

Fischer, Gottfried. Neue Wege aus dem Trauma. Patmos-Verlag, Berlin 2005.

Judith Lewis Herman. Die Narben der Gewalt. Traumatische Erfahrungen verstehen und überwinden. Kindler, München 1993.

Stefan Klein. Träume. Eine Reise in unsere innere Wirklichkeit. S. Fischer Verlage, Berlin 2014.

Roland Kachler. Meine Trauer wird dich finden. Kreuz-Verlag, Stuttgart 2005.

Matthias Lohre. Das Erbe der Kriegsenkel. Was das Schweigen der Eltern mit uns macht. Gütersloher Verlagshaus, Gütersloh 2016.

Cornelia Mack. Das Leben kann so glücklich sein. SCM Hänssler, Holzgerlingen 2014.

Cornelia Mack. Angst. Verstehen, Entmachten, Verwandeln. SCM Hänssler, Holzgerlingen 2015.

Cornelia Mack. Die Falle des Vergleichens. SCM Hänssler, Holzgerlingen 2011.

Cornelia Mack. Geschwister. Wie sie das Leben prägen. SCM Hänssler, Holzgerlingen 2013.

Cornelia Mack. Kleiner Unterschied große Wirkung. So verstehen sich Mann und Frau. SCM Hänssler, Holzgerlingen 2010.

Christine Merzeder. Wie schleichendes Gift. Scorpio Verlag, München 2017.

Michael Lukas Moeller. Die Wahrheit beginnt zu zweit. Das Paar im Gespräch. Rowohlt, Reinbek bei Hamburg 1988.

Tournier, Paul. Geborgenheit. Sehnsucht des Menschen. Herder, Bern 1969.
Ille Ochs. Im Käfig der Angst. SCM Hänssler, Holzgerlingen 2016.
Luise Reddemann. Kriegskinder und Kriegsenkel in der Psychotherapie. Klett-Cotta, Stuttgart 2016.
Konrad Stauss. Die heilende Kraft der Vergebung. Kösel Verlag, München 2010.

Anmerkungen

1 Sabine Bode. Kriegsspuren. Die deutsche Krankheit. German Angst. Klett-Cotta, Stuttgart 2016. Oder auch: Matthias Lohre. Das Erbe der Kriegsenkel. Was das Schweigen der Eltern mit uns macht. Gütersloher Verlagshaus, Gütersloh 2016.
2 Ebd. S. 54.
3 Vgl. hier Kapitel »Verletzungen«: Traumatische Erfahrungen, S. 74.
4 Luise Reddemann. Kriegskinder und Kriegsenkel in der Psychotherapie. Klett-Cotta, Stuttgart 2016, S. 55.
5 Johannes 2,3.
6 Johannes 2,4.
7 Johannes 2,5.
8 Manfred Wanner. Treffend gesagt. Brunnen Verlag, 1989, S. 220.
9 Dr. Arno Schleyer. Stolpersteine. Predigten zu heiklen Themen. Books on demand, Norderstedt 2000, S. 76.
10 Mila Hanke, in: Psychologie heute, Oktober 2006, Der Umgang mit dem Tod, S. 46 f.
11 Vgl. Roland Kachler, »Meine Trauer wird dich finden«, Kreuz-Verlag, Stuttgart 2005, S. 166.
12 Christine Merzeder. Wie schleichendes Gift. Scorpio Verlag, München 2017, S. 127.
13 Matthias Lohre. Das Erbe der Kriegsenkel. Was das Schweigen der Eltern mit uns macht. Gütersloher Verlagshaus, Gütersloh 2016, S. 19.
14 Ebd. S. 27.
15 Siehe dazu auch Cornelia Mack. Kleiner Unterschied – große Wirkung. So verstehen sich Mann und Frau. SCM Hänssler, Holzgerlingen 2010.
16 Siehe Cornelia Mack. Geschwister. Wie sie das Leben prägen. SCM Hänssler, Holzgerlingen 2013.
17 Michael Lukas Moeller. Die Wahrheit beginnt zu zweit. Das Paar im Gespräch. Rowohlt, Reinbek b. Hamburg 1988, S. 32.
18 Ebd. S. 17.
19 J. Thomas. Parents. In: Hill, Leonore. Caring for Dying Children and their Families. London, New York Tokio 1994, S. 43–66.
20 Siehe auch Cornelia Mack. Die Falle des Vergleichens. SCM Hänssler, Holzgerlingen 2012., S. 33 f.
21 Siehe dazu auch Cornelia Mack. Geschwister.

22 R. Janoff-Bulmann zitiert in Judith Lewis Herman. Die Narben der Gewalt. Traumatische Erfahrungen verstehen und überwinden. Kindler, München 1993, S. 77.

23 Gesprächsprotokoll Susanne Eicken, Psychotherapeutin, SGM-Klinik in Langenthal, 22.3.2017.

24 R.S.Laufer, E. Brett und M.D. Gallops. Symptom Patterns Associated with Post-Traumatic Stress Disorder among Vietnam Veterans Exposed to War Trauma. In American Journal of Psychiatry, 142 (1985), S. 1304–1311.

25 Filder-Zeitung, 28.10.94.

26 Siehe dazu auch Erving Goffmann. Asyle. Über die soziale Situation psychiatrischer Patienten und anderer Insassen. Suhrkamp, Frankfurt am Main 1973.

27 Judith Lewis Herman. Die Narben der Gewalt. Traumatische Erfahrungen verstehen und überwinden. Kindler, München 1993, S. 142.

28 Gesprächsprotokoll Susanne Eicken, Psychotherapeutin, SGM-Klinik in Langenthal, 22.3.2017.

29 https://de.wikipedia.org/wiki/Stockholm-Syndrom (9.5.2017).

30 siehe dazu auch Cornelia Mack. Mütter und ihre Aggressionen. Ein verheimlichtes Problem. SCM Hänssler, Holzgerlingen 2010, S. 36 f.

31 Siehe dazu Cornelia Mack. Angst.

32 Luise Reddemann. Kriegskinder und Kriegsenkel. S. 139.

33 Ille Ochs. Im Käfig der Angst. SCM Hännsler, Holzgerlingen 2016.

34 Ille Ochs. In: Magazin für Psychotherapie und Seelsorge 4/2016, S. 59.

35 Ebd.

36 Lukas 15,18.

37 Lukas 15,21.

38 Luise Reddemann. Imagination als heilsame Kraft. Ressourcen und Mitgefühl in der Behandlung von Traumafolgen. Klett-Cotta, Stuttgart 2016.

39 Elisabeth Gründler, »Dem Schrecken Worte geben«, in: Psychologie heute, Dezember 2006.

40 Gottfried Fischer, »Neue Wege aus dem Trauma«, S. 75.

41 Siehe dazu auch Stefan Klein. Träume. Eine Reise in unsere innere Wirklichkeit, S. Fischer Verlage, Berlin 2014, S. 244.

42 Ebd. S. 204ff

43 Vgl. hier Kapitel »Heilung«: Ein sicherer Ort, S. 119.

44 Luise Reddemann. Kriegskinder und Kriegsenkel. S. 91

45 2. Mose 20,5/2. Mose 34, 7/5. Mose 5,9.

46 Sabine Bode. Kriegsspuren.

47 Ebd. S. 44.
48 Siehe dazu auch www.isbus.net
49 Luise Reddemann. Imagination als heilsame Kraft.
50 Vgl. hier Kapitel »Verletzungen«: Traumatische Erfahrungen.
51 Vgl. hier Kapitel »Heilung«: Ein sicherer Ort, S. 119.
52 Vgl. Kapitel »Ja zu neuen Botschaften«: Die Waffenrüstung Gottes, S. 157.
53 Luise Reddemann. Imagination als heilsame Kraft. S. 56.
54 Rolf Senst. In: Psychotherapie und Seelsorge 2-2013, S. 24.
55 Konrad Stauss. Die heilende Kraft der Vergebung. Kösel Verlag, München 2010. S. 114.
56 Ebd. S. 150.
57 Ebd. S. 68.
58 Paul Tournier, geboren 1898 in Genf; gestorben 1986.
59 Paul Tournier. Geborgenheit. Sehnsucht des Menschen. Herder, Freiburg, 1971, S. 166.
60 Ebd. S. 167.
61 Ebd. S. 168.
62 Das Diagnostische und Statistische Manual Psychischer Störungen (DSM) ist ein weltweit etabliertes Klassifikationssystem für psychische Störungen, herausgegeben von der American Psychiatric Association. Es ermöglicht eine zuverlässige Diagnostik psychischer Störungen und liefert zweckdienliche Anleitungen für Fachpersonen unterschiedlicher Orientierungen im klinischen und wissenschaftlichen Bereich.
63 Ursula Nuber. In: Psychologie Heute, Juni 2012, S. 20.
64 1. Mose 32.
65 Roland Kachler. Meine Trauer wird dich finden. S. 40 ff.
66 Vgl. Kapitel »Ja zu neuen Botschaften«: Die Waffenrüstung Gottes, S. 157.
67 Luise Reddemann. Kriegskinder und Kriegsenkel. S. 152.
68 Vgl. hier Kapitel »Traumatische Erfahrungen«: Einleitende Gedanken.
69 Kathleen McGowan. In: Psychologie heute, Oktober 2007.